Paleo toitumine 2023

tervislikud retseptid kivikautsest toidulaualt

Merle Randma

Sisukord

Aasia veise- ja juurviljapraad 10
Cedar Plank Steak Aasia määrde ja kapsasalatiga 12
Pannil küpsetatud kolme otsaga praed lillkapsa Peperonataga 15
Grillitud praed au Poivre Dijoni seenekastmega 17
praed 17
Dip 17
Grillitud praed Salsa Salsa ja Chipotle karamelliseeritud sibulaga 20
praed 20
kastme salat 20
karamelliseeritud sibul 21
Grillitud Ribeyes ürdisibula ja küüslauguga "või" 23
Ribeye salat grillitud peediga 25
Korea stiilis lühikesed ribid praetud ingverkapsaga 27
Beebiribid tsitruseliste ja apteegitilli Gremolataga 30
Ribid 30
röstitud kõrvits 30
gremolata 31
Rootsipärased veiselihapirukad tilli-sinepi kurgi salatiga 33
Kurgi salat 33
Liha empanadad 33
Rukola röstitud veiselihaburgerid röstitud juurviljadega 37
Grillitud veiselihaburgerid seesamikoorega tomatitega 40
Burgerid pulga peal Baba Ghanoushi dipikastmega 43
Suitsutatud täidisega paprika 45
Bisoni burgerid Cabernet'i sibula ja rukolaga 48
Piisoni- ja lambalihaleib Šveitsi mangoldil ja bataadil 51
Piisoni lihapallid õunaga ja sõstrad suvikõrvitsaga Pappardelle 54
pelmeenid 54
Õuna- ja sõstrakaste 54
suvikõrvits pappardelle 55
Bison Porcini Bolognese röstitud küüslaugu spagettikõrvitsaga 57

piison chili con carne 60

Maroko maitsestatud piisonipihvid grillitud sidrunitega 62

Provence'i ürtidega hõõrutud piisoni sisefilee 64

Kohvi hautatud piisoni lühikesed ribid mandariini apelsini gremolata ja selleri juurepüreega 66

Marinaad 66

hauta 66

veiseliha kondipuljong 69

Tuneesia maitsestatud sea abatükk vürtsikate friikartulitega 71

Siga 71

friikartulid 71

Kuuba grillitud sea abatükk 74

Itaalia maitsestatud seapraad köögiviljadega 77

Slow Cooker Pork Mole 79

Sealiha ja kõrvitsahautis köömnetega 82

Puuviljatäidisega seljatükk brändikastmega 84

Praadima 84

brändikaste 84

Veranda Veranda röst 87

Hautatud seafilee Tomatilloga 89

Aprikoosi täidisega sea sisefilee 91

Ürdikoorega sealiha sisefilee krõbeda küüslauguõliga 93

India maitsestatud sealiha kookoskastmega 95

Sealiha scaloppini õunte ja maitsestatud kastanitega 96

Praetud sealiha fajitas 99

Sea sisefilee portveini ja ploomidega 101

Moo Shu stiilis sealihatopsid salatil ja kiirelt marineeritud köögiviljad 103

marineeritud köögiviljad 103

Siga 103

Seakarbonaad makadaamiate, salvei, viigimarjade ja bataadipüreega 105

Pannil röstitud rosmariini-lavendli sealihakotletid viinamarjade ja röstitud kreeka pähklitega 107

Sealihakotletid alla Fiorentina röstitud brokkoli rabega 109

Escarole täidisega seakarbonaad 111

Suitsutatud beebiribid õuna-sinepi Mopa kastmega 115

Ribid 115

Dip 115

Küpsetatud BBQ searibid värske ananassisalatiga ... 118

vürtsikas sealihahautis ... 120

Guljašš ... 120

Kapsas ... 120

Itaalia vorstilihapall Marinara apteegitilliviilude ja praetud sibulaga ... 122

pelmeenid ... 122

Marinara ... 122

Sealihaga täidetud kabatšokipaadid basiiliku ja seedermänniseemnetega ... 125

Karri sealiha ananassi nuudlikausid kookospiima ja ürtidega ... 127

Vürtsikad grillitud sealihakotletid vürtsika kurgisalatiga ... 129

Suvikõrvitsa koorega pitsa päikesekuivatatud tomati pesto, paprika ja itaalia vorstiga ... 131

Suitsutatud lambakoiba sidruni ja koriandriga grillitud spargliga ... 134

Lamba kuum pott ... 136

Hautatud lambaliha juurselleri nuudlitega ... 139

Lambalihakotletid vürtsika granaatõunakastme ja datlitega ... 141

Chutney ... 141

Lambakarree ... 141

Chimichurri lambafilee kotletid praetud Radicchio kapsaga ... 143

Ancho ja salvei määritud lambalihakotletid porgandi ja maguskartuli remulaadiga ... 145

Aiast täidetud lambalihaburgerid punase pipraga ... 147

punase pipra coulis ... 147

Burgerid ... 147

Lambalihavardad topelt pune ja tzatziki kastmega ... 150

lambalihavardad ... 150

tzatziki kaste ... 150

Röstitud kana safrani ja sidruniga ... 152

Spatchcocked kana jicama salatiga ... 154

Kana 154

Kapsa salat ... 154

Röstitud kana tagaveerand viina, porgandi ja tomatikastmega ... 157

Poulet Rôti ja Rutabaga Frites ... 159

Coq au Vin kolme šampinjoniga rutabaga ja murulaugupüreega 161
Brandy-virsiku glasuuritud trummipulgad 164
Virsikubrändi glasuur 164
Tšiili marineeritud kana mango ja melonisalatiga 166
Kana 166
Salat 166
Tandoori stiilis kanakingad kurgiraitaga 169
Kana 169
Kurk Raita 169
Hautatud kanakarri juurviljade, spargli ja rohelise õuna piparmündi maitsega 171
Grillitud kana Paillardi salat vaarikate, peedi ja röstitud mandlitega 173
Brokkoli täidisega kanarinnad värske tomatikastme ja Caesari salatiga 176
Grillitud kana Shawarma wrapid vürtsitatud köögiviljade ja piiniapähklikastmega
.... 179
Küpsetatud kanarinnad seente, küüslaugupüree lillkapsa ja röstitud spargliga 181
Tai stiilis kanasupp 183
Grillitud sidruni- ja salveikana eskarooliga 185
Kana murulauku, kressi ja redisega 188
Kana Tikka Masala 190
Ras el Hanouti kanakingad 193
Kanakingad karambolamarinaadis hautatud spinatil 196
Poblano kapsa ja kana tacos Chipotle majoneesiga 198
Kanahautis porgandi ja Bok Choyga 200
Kana praadimine india pähklite ning apelsini ja paprikaga salati ümbristel 202
Vietnami kana kookose ja sidrunheinaga 204
Grillitud kana ja õuna eskarooli salat 207
Toscana kanasupp lehtkapsa lintidega 209
Larb kana 211
Kanaburgerid Szechwani kašupähklikastmega 213
Szechwani kašupähkli kaste 213
türgi kana wrapid 215
Hispaania Cornish kanad 217

AASIA VEISE- JA JUURVILJAPRAAD

KODUTÖÖ:30 minutit keetmist: 15 minutit saagis: 4 portsjonit

FIVE SPICE POWDER ON SOOLAVABA VÜRTSIDE SEGU.KASUTATAKSE LAIALDASELT HIINA TOIDUVALMISTAMISEL. SEE KOOSNEB VÕRDSETES OSADES JAHVATATUD KANEELIST, NELGIST, APTEEGITILLI SEEMNEST, TÄHTANIISIST JA SZECHWANI PIPRATERADEST.

1½ naela kondita veise sisefilee või kondita veiseliha ümar praad, lõigatud 1 tolli paksuseks

1½ tl viie vürtsi pulbrit

3 supilusikatäit rafineeritud kookosõli

1 väike punane sibul, lõigatud õhukesteks viiludeks

1 väike hunnik sparglit (umbes 12 untsi), kärbitud ja lõigatud 3-tollisteks tükkideks

1½ tassi julieneeritud apelsini ja/või kollast porgandit

4 küüslauguküünt, hakitud

1 tl peeneks riivitud apelsinikoort

¼ tassi värsket apelsinimahla

¼ tassi veiseliha puljongit (vt retsept) või ilma soolata veiselihapuljongit

¼ tassi valge veini äädikat

¼ kuni ½ tl purustatud punast pipart

8 tassi hakitud napakapsast

½ tassi viilutatud soolamata mandleid või jämedalt hakitud soolamata india pähkleid, röstitud (vt näpunäidet lk 57)

1. Soovi korral külmuta liha kergemaks lõikamiseks (umbes 20 minutit). Lõika liha väga õhukesteks viiludeks. Sega suures kausis kokku veseliha ja viie maitseaine pulber. Kuumuta suures vokkpannil või eriti suurel pannil 1 supilusikatäis kookosõli keskmisel-kõrgel kuumusel. Lisa pool lihast; küpseta ja sega 3–5 minutit või kuni pruunistumiseni. Tõsta liha kaussi. Korrake ülejäänud liha ja teise supilusikatäie õliga. Tõsta liha kaussi koos teise keedetud lihaga.

2. Lisage samasse vokki ülejäänud 1 spl õli. Lisa sibul; keetke ja segage 3 minutit. Lisa spargel ja porgand; küpseta ja sega 2–3 minutit või kuni köögiviljad on krõbedad-pehmed. Lisa küüslauk; küpseta ja sega veel 1 minut.

3. Kastme jaoks sega väikeses kausis apelsinikoor, apelsinimahl, veiselihapuljong, äädikas ja purustatud punane pipar. Lisa kaste ja kogu liha koos mahladega kausis vokkpannil olevatele köögiviljadele. Küpseta ja sega 1 kuni 2 minutit või kuni see on läbi kuumutatud. Tõsta veiseköögiviljad lõhikuga lusikaga suurde kaussi. Katke soojas hoidmiseks.

4. Keeda kastet kaaneta keskmisel kuumusel 2 minutit. Lisa kapsas; küpseta ja sega 1–2 minutit või kuni kapsas on pehme. Jaga kapsas ja keedumahlad nelja serveerimistaldriku vahel. Tõsta peale ühtlaselt lihasegu. Puista üle pähklitega.

CEDAR PLANK STEAK AASIA MÄÄRDE JA KAPSASALATIGA

SUKELDUGE:1 tund valmistamist: 40 minutit grillil: 13 minutit puhkust: 10 minutit annab: 4 portsjonit.

NAPA KAPSAST NIMETATAKSE MÕNIKORD HIINA KAPSAKS.SELLEL ON KAUNID KORTSUS KREEMIKAD LEHED, MILLE OTSAD ON ERKKOLLAKASROHELISED. SELLEL ON ÕRN, MAHE MAITSE JA TEKSTUUR, ERINEVALT ÜMARPEAKAPSA VAHAJASTEST LEHTEDEST, JA POLE ÜLLATAV, ET SEE ON AASIA STIILIS ROOGADE PUHUL LOOMULIK.

- 1 suur seederplaat
- ¼ untsi kuivatatud shiitake seeni
- ¼ tassi pähkliõli
- 2 tl hakitud värsket ingverit
- 2 tl purustatud punast pipart
- 1 tl purustatud Szechwani pipraterad
- ¼ tl viie vürtsi pulbrit
- 4 küüslauguküünt, hakitud
- 4 4–5 untsi veise sisefilee praed, lõigatud ¾ kuni 1 tolli paksuseks
- Aasia kapsas (vt retsept, allpool)

1. Aseta grilllaud vette; kaalust alla võtta ja leotada vähemalt 1 tund.

2. Vahepeal vala Aasia Spreadi jaoks väikeses kausis kuivatatud shiitake seentele keev vesi; lase seista 20 minutit rehüdratsiooniks. Nõruta seened ja pane köögikombaini. Lisa kreeka pähkliõli, ingver,

purustatud punane pipar, Sichuani pipraterad, viie vürtsi pulber ja küüslauk. Katke ja töödelge, kuni seened on tükeldatud ja koostisosad ühendatud; kõrvale panema.

3. Tühjendage grillrestilt. Söegrilli jaoks asetage söed ümber grilli perimeetri keskmisele kuumusele. Asetage plaat grillile otse söe kohale. Katke ja grillige 3-5 minutit või seni, kuni küpsetusplaat hakkab praksuma ja suitsema. Asetage praed grillile otse süte kohale; grillida 3-4 minutit või kuni söestunud. Tõsta praed lauale, praetud küljed üleval. Asetage plaat grilli keskele. Jaga Aasia kaste praadide vahel. Katke ja grillige 10-12 minutit või seni, kuni steikidele horisontaalselt sisestatud kiirloetav termomeeter näitab 130 °F (gaasigrilli puhul eelsoojendage grill. Alandage kuumust keskmisele tasemele. Asetage kuivendatud plaat riiulile; katke kaanega ja grillige 3-5 minutit või kuni plaat hakkab praksuma ja suitsema. Aseta fileed grillile 3-4 minutiks või kuni tõsta fileed lauale, röstitud küljed üleval. Kaudse toiduvalmistamise seadistusrest; asetage laud koos praadidega väljalülitatud põletile. Jaga määre praadide vahel. Katke ja grillige 10-12 minutit või seni, kuni praadidele horisontaalselt sisestatud kiirloetav termomeeter näitab 130 °F.) Kaudse toiduvalmistamise seadistusrest; asetage laud koos praadidega väljalülitatud põletile. Jaga määre praadide vahel. Katke ja grillige 10-12 minutit või seni, kuni praadidele horisontaalselt sisestatud kiirloetav termomeeter näitab 130 °F.) Kaudse toiduvalmistamise seadistusrest; asetage laud koos

praadidega väljalülitatud põletile. Jaga määre praadide vahel. Katke ja grillige 10–12 minutit või seni, kuni praadidele horisontaalselt sisestatud kiirloetav termomeeter näitab 130 °F.)

4. Eemaldage praed grillilt. Kata praed lõdvalt alumiiniumfooliumiga; lase 10 minutit puhata. Lõika praed ¼ tolli paksusteks viiludeks. Serveeri steiki Aasia salatiga.

Aasia salat: segage suures kausis 1 õhukeseks viilutatud keskmise peaga napakapsas; 1 tass peeneks riivitud punast kapsast; 2 porgandit, kooritud ja julieneeritud; 1 punane või kollane paprika, seemnetest puhastatud ja väga õhukeseks viilutatud; 4 murulauku, peeneks viilutatud; 1 kuni 2 serrano tšillit, seemnetest puhastatud ja tükeldatud (vtkallutada); 2 supilusikatäit hakitud koriandrit; ja 2 supilusikatäit hakitud piparmünt. Kaunistamiseks sega köögikombainis või blenderis 3 spl värsket sidrunimahla, 1 sl riivitud värsket ingverit, 1 hakitud küüslauguküüs ja ⅛ tl viie vürtsi pulbrit. Kata ja töötle ühtlaseks. Kui protsessor töötab, lisage järk-järgult ½ tassi pähkliõli ja töödelge ühtlaseks massiks. Lisa kastmele 1 peeneks viilutatud kevadsibul. Nirista salatile ja viska katteks.

PANNIL KÜPSETATUD KOLME OTSAGA PRAED LILLKAPSA PEPERONATAGA

KODUTÖÖ:25 minutit keetmist: 25 minutit saagis: 2 portsjonit

PEPERONATA ON TRADITSIOONILISELT AEGLASELT RÖSTITUD RAGU.PAPRIKA SIBULA, KÜÜSLAUGU JA ÜRTIDEGA. LILLKAPSAGA SÜDAMLIKUM VARIANT TOIMIB NII LISANDINA KUI KA LISANDINA.

- 2 4–6 untsi kolme otsaga praed, lõigatud ¾–1 tolli paksuseks
- ¾ tl musta pipart
- 2 supilusikatäit ekstra neitsioliiviõli
- 2 punast ja/või kollast paprikat, seemnetest puhastatud ja viilutatud
- 1 šalottsibul, õhukeseks viilutatud
- 1 tl Vahemere maitseainet (vtretsept)
- 2 tassi väikeseid lillkapsa õisikuid
- 2 spl palsamiäädikat
- 2 tl hakitud värsket tüümiani

1. Kuivatage praed paberrätikutega. Puista filee ¼ tl musta pipraga. Kuumuta suurel pannil 1 supilusikatäis õli keskmisel-kõrgel kuumusel. Lisa filee pannile; vähenda kuumust keskmisele tasemele. Küpseta praade 6–9 minutit keskmisel kuumusel (145 °F), aeg-ajalt keerates. (Kui liha pruunistub liiga kiiresti, vähenda kuumust.) Eemaldage filee pannilt; kata soojas hoidmiseks lõdvalt alumiiniumfooliumiga.

2. Peperonata jaoks lisa pannile ülejäänud 1 spl õli. Lisa paprika ja šalottsibul. Puista üle Vahemere maitseainega. Küpseta keskmisel kuumusel umbes 5 minutit või kuni paprika on pehmenenud, aeg-ajalt segades. Lisa lillkapsas, palsamiäädikas, tüümian ja ülejäänud ½ tl musta pipart. Katke ja küpseta 10–15 minutit või kuni lillkapsas on pehme, aeg-ajalt segades. Tõsta fileed tagasi pannile. Vala pepperonata segu fileedele. Serveeri kohe.

GRILLITUD PRAED AU POIVRE DIJONI SEENEKASTMEGA

KODUTÖÖ:15 minutit keetmist: 20 minutit saagis: 4 portsjonit

SEE PRANTSUSEST INSPIREERITUD PRAAD SEENEKASTMEGASEE JÕUAB LAUALE VEIDI ENAM KUI 30 MINUTIGA, MISTÕTTU ON SEE SUUREPÄRANE VALIK KIIREKS NÄDALAÕHTUSÖÖGIKS.

PRAED
   3 supilusikatäit ekstra neitsioliiviõli
   1 nael väikest sparglit, kärbitud
   4 6-untsi grillsteiki (kondiga veiseliha abaluu)*
   2 supilusikatäit ribadeks lõigatud värsket rosmariini
   1½ tl jahvatatud musta pipart

DIP
   8 untsi viilutatud värskeid seeni
   2 hakitud küüslauguküünt
   ½ tassi veiseliha puljongit (vt<u>retsept</u>)
   ¼ tassi kuiva valget veini
   1 spl Dijoni stiilis sinepit (vt<u>retsept</u>)

   1. Kuumuta suurel pannil 1 spl õli keskmisel-kõrgel kuumusel. Lisa spargel; küpseta 8–10 minutit või kuni need on krõbedad, aeg-ajalt keerake varsi, et need ei kõrbeks. Tõsta spargel taldrikule; Sooja hoidmiseks kata alumiiniumfooliumiga.

   2. Puista filee rosmariini ja pipraga; hõõruda sõrmedega. Kuumutage samal pannil keskmisel-kõrgel kuumusel

ülejäänud 2 supilusikatäit õli. Lisa filee; vähenda kuumust keskmisele tasemele. Küpseta 8–12 minutit keskmisel kuumusel (145 °F), liha aeg-ajalt pöörates. (Kui liha pruunistub liiga kiiresti, vähenda kuumust.) Eemaldage liha pannilt, jättes alles rasva. Kata fileed soojas hoidmiseks lõdvalt alumiiniumfooliumiga.

3. Kastme jaoks lisa pannil olevale rasvale seened ja küüslauk; küpseta aeg-ajalt segades pehmeks. Lisa puljong, vein ja Dijoni stiilis sinep. Küpseta keskmisel kuumusel, kraapides kõik pruunistunud tükid panni põhja. Lase keema tõusta; küpseta veel 1 minut.

4. Jaga spargel nelja taldriku vahel. Top fileega; vala fileedele kaste.

*Märkus. Kui te ei leia 6-untsiseid lamedaid praade, ostke kaks 8–12-untsist pihvi ja lõigake need pooleks, et saada neli praed.

GRILLITUD PRAED SALSA SALSA JA CHIPOTLE KARAMELLISEERITUD SIBULAGA

KODUTÖÖ:30 minutit Marineerimine: 2 tundi Küpsetamine: 20 minutit Jahutamine: 20 minutit Grill: 45 minutit Saagis: 4 portsjonit

GRILLIPRAAD ON SUHTELISELT UUS.LÕIGE TÖÖTATI VÄLJA VAID PAAR AASTAT TAGASI. LÕIGATUNA ABALUU LÄHEDAL ASUVAST PADRUNI MAITSVAST OSAST ON SEE ÜLLATAVALT ÕRN JA MAITSEB PALJU KALLIM KUI SEE ON, MIS TÕENÄOLISELT SELETAB SELLE KIIRET POPULAARSUSE KASVU.

PRAED
   ⅓ tassi värsket laimimahla
   ¼ tassi ekstra neitsioliiviõli
   ¼ tassi jämedalt hakitud koriandrit
   5 hakitud küüslauguküünt
   4 6-untsi praepanni (kondiga veiseliha abaluu)

KASTME SALAT
   1 (inglise) kurk seemnetega (soovi korral kooritud), kuubikuteks lõigatud
   1 tass neljaks lõigatud viinamarjatomateid
   ½ tassi hakitud punast sibulat
   ½ tassi jämedalt hakitud koriandrit
   1 poblano tšilli, seemnete ja kuubikutega (vtkallutada)
   1 jalapeno, seemnetest puhastatud ja tükeldatud (vtkallutada)

3 spl värsket sidrunimahla

2 supilusikatäit ekstra neitsioliiviõli

KARAMELLISEERITUD SIBUL

2 supilusikatäit ekstra neitsioliiviõli

2 suurt magusat sibulat (nagu Maui, Vidalia, Texas Sweet või Walla Walla)

½ tl jahvatatud chipotle tšiili

1. Pihvide jaoks asetage praed uuesti suletavasse kilekotti madalale taldrikule; kõrvale panema. Segage väikeses kausis sidrunimahl, õli, koriander ja küüslauk; vala kotis olevatele fileedele. Sulgege kott; keera lööma Lase 2 tundi külmkapis marineerida.

2. Salati jaoks sega suures kausis kurk, tomatid, sibul, koriander, poblano ja jalapeno. Sega kokku. Kastme jaoks sega väikeses kausis sidrunimahl ja oliiviõli. Nirista kaste köögiviljadele; sega katmiseks. Kata ja hoia serveerimiseni külmkapis.

3. Sibulate jaoks soojendage ahi temperatuurini 400 ° F. Pintseldage Hollandi ahju sisemust vähese oliiviõliga; kõrvale panema. Lõika sibul pikuti pooleks, eemalda nahk ja viiluta seejärel risti ¼ tolli paksusteks viiludeks. Hollandi ahjus ühendage ülejäänud oliiviõli, sibul ja chipotle pipar. Kata ja küpseta 20 minutit. Avage kaas ja laske jahtuda umbes 20 minutit.

4. Tõsta jahtunud sibulad fooliumist röstimiskotti või mässi sibulad kahekordse paksusega fooliumisse. Torka fooliumi ülaosa vardast mitmest kohast läbi.

5. Söegrilli jaoks asetage söed ümber grilli perimeetri keskmisele kuumusele. Proovige keskmist kuumust grilli keskkoha kohal. Asetage pakk grilli keskele. Katke ja grillige umbes 45 minutit või kuni sibulad on pehmed ja merevaiguvärvi. (Gaasigrilli puhul eelsoojendage grill. Alandage kuumust keskmisele. Seadke kaudseks küpsetamiseks. Asetage pakk põletile, mis on välja lülitatud. Katke ja grillige vastavalt juhistele.)

6. Eemalda filee marinaadist; visake marinaad ära. Söe- või gaasigrilli jaoks asetage praed grillile otse keskmisel-kõrgel kuumusel. Katke ja grillige 8–10 minutit või seni, kuni praadidele horisontaalselt sisestatud kiirloetav termomeeter näitab 135 °F, keerates üks kord. Tõsta fileed vaagnale, kata lõdvalt alumiiniumfooliumiga ja lase 10 minutit puhata.

7. Serveerimiseks jaga salatikaste nelja serveerimistaldriku vahel. Aseta igale taldrikule praad ja tõsta peale ohtralt karamelliseeritud sibulat. Serveeri kohe.

Tee edasised juhised: Salat Salatit saab valmistada ja hoida külmkapis kuni 4 tundi enne serveerimist.

GRILLITUD RIBEYES ÜRDISIBULA JA KÜÜSLAUGUGA "VÕI"

KODUTÖÖ:10 minutit küpsetamist: 12 minutit jahutamist: 30 minutit grillimist: 11 minutit valmistamist: 4 portsjonit

VÄRSKELT GRILLITUD PRAADIDE KUUMUS SULAB ÄRAKARAMELLISEERITUD SIBULA, KÜÜSLAUGU JA ÜRTIDE KÜNKAD, MIS ON SUSPENDEERITUD RIKKALIKULT MAITSESTATUD KOOKOSÕLI JA OLIIVIÕLI SEGUS.

2 spl rafineerimata kookosõli

1 väike sibul, poolitatud ja väga õhukeseks viilutatud (umbes ¾ tassi)

1 küüslauguküüs, väga õhukeseks viilutatud

2 supilusikatäit ekstra neitsioliiviõli

1 spl värsket peterselli ribadeks lõigatud

2 tl värsket tüümiani, rosmariini ja/või pune, ribadeks lõigatud

4 8–10 untsi ribeye steiki, lõigatud 1 tolli paksuseks

½ tl värskelt jahvatatud musta pipart

1. Sulata keskmisel pannil madalal kuumusel kookosõli. Lisa sibul; küpseta 10–15 minutit või kuni see on kergelt pruunistunud, aeg-ajalt segades. Lisa küüslauk; küpseta veel 2–3 minutit või kuni sibul on kuldpruun, aeg-ajalt segades.

2. Tõsta sibulasegu väikesesse kaussi. Lisa oliiviõli, petersell ja tüümian. Hoidke kaaneta külmkapis 30 minutit või kuni segu on piisavalt tugev, et moodustada eemaldamisel küngas, aeg-ajalt segades.

3. Vahepeal puista filee pipraga. Söe- või gaasigrilli jaoks asetage praed grillile otse keskmisel kuumusel. Katke ja grillige 11–15 minutit keskmise (145 °F) või 14–18 minutit keskmise (160 °F) puhul, pöörates üks kord poole grillimise ajal ümber.

4. Serveerimiseks aseta iga filee serveerimistaldrikule. Tõsta sibulasegu kohe lusikaga ühtlaselt fileedele.

RIBEYE SALAT GRILLITUD PEEDIGA

KODUTÖÖ:20 minutit grill: 55 minutit puhkust: 5 minutit
saagis: 4 portsjonit

PEEDI MAALÄHEDANE MAITSE SEGUNEB KAUNILTAPELSINIDE JA RÖSTITUD KREEKA PÄHKLITE MAGUSUS LISAVAD SELLELE PEAROASALATILE KRÕMPSU, MIS SOBIB SUUREPÄRASELT SOOJAL SUVEÕHTUL VABAS ÕHUS SÖÖMISEKS.

1 nael keskmist kuldset ja/või punast peeti, pestud, kärbitud ja viiludeks lõigatud

1 väike sibul, lõigatud õhukesteks viiludeks

2 oksa värsket tüümiani

1 spl ekstra neitsioliiviõli

jahvatatud musta pipart

2 8-untsi kondita ribeye pihvi, lõigatud ¾ tolli paksuseks

2 küüslauguküünt, pooleks lõigatud

2 spl Vahemere maitseainet (vt<u>retsept</u>)

6 tassi segatud salatit

2 apelsini, kooritud, viilutatud ja jämedalt hakitud

½ tassi hakitud kreeka pähkleid, röstitud (vt<u>kallutada</u>)

½ tassi heledat tsitruseliste vinegretti (vt<u>retsept</u>)

1. Laota fooliumialusele peedi-, sibula- ja tüümianioksad. Nirista õliga ja sega kokku; puista peale kergelt jahvatatud musta pipart. Söe- või gaasigrilli jaoks asetage pann grilli keskele. Katke ja grillige 55–60 minutit või noaga läbistades, kuni see on pehme, aegajalt segades.

2. Vahepeal hõõru filee mõlemalt poolt küüslaugu lõigatud külgedega; puista üle Vahemere maitseainega.

3. Liigutage peedid grilli keskelt, et teha ruumi praadidele. Lisage praed grillimiseks otse keskmisel kuumusel. Katke ja grillige 11–15 minutit keskmise (145 °F) või 14–18 minutit keskmise (160 °F) puhul, pöörates üks kord poole grillimise ajal ümber. Eemalda grillilt fooliumiplaat ja praed. Lase fileel 5 minutit puhata. Visake tüümianioksad fooliumialuselt ära.

4. Viiluta praad õhukeselt diagonaalselt suupistesuurusteks tükkideks. Jaga köögiviljad nelja serveerimistaldriku vahel. Kõige peale tõsta viilutatud praad, peet, sibulaviilud, hakitud apelsinid ja kreeka pähklid. Nirista üle erksa tsitruselise vinegretiga.

KOREA STIILIS LÜHIKESED RIBID PRAETUD INGVERKAPSAGA

KODUTÖÖ:50 minutit küpsetamist: 25 minutit küpsetamist: 10 tundi jahutamist: üleöö Saagis: 4 portsjonit

VEENDUGE, ET TEIE HOLLANDI AHJU KAAS OLEKS KORRALIKULT KINNISEE SOBIB VÄGA HÄSTI, ET VÄGA PIKA KÜPSETUSAJA JOOKSUL EI AURUSTUKS KEEDUVEDELIK LÄBI KAANE JA POTI VAHELISE PILU.

- 1 unts kuivatatud shiitake seeni
- 1½ tassi viilutatud murulauku
- 1 Aasia pirn, kooritud, puhastatud südamikust ja tükeldatud
- 1 3-tolline tükk värsket ingverit, kooritud ja hakitud
- 1 serrano tšilli, peeneks hakitud (soovi korral seemnetega) (vt kallutada)
- 5 küüslauguküünt
- 1 spl rafineeritud kookosõli
- 5 naela kondiga veeseliharibi
- värskelt jahvatatud musta pipart
- 4 tassi veiselihapuljongit (vt retsept) või ilma soolata veiselihapuljongit
- 2 tassi viilutatud värskeid shiitake seeni
- 1 spl peeneks riivitud apelsinikoort
- ⅓ tassi värsket mahla
- Hautatud ingverikapsas (vt retsept, allpool)
- peeneks riivitud apelsinikoor (valikuline)

1. Kuumuta ahi temperatuurini 325 ° F. Aseta kuivatatud shiitake seened väikesesse kaussi; lisa nii palju keevat vett, et see kataks. Laske seista umbes 30 minutit või kuni see on rehüdreeritud ja sile. Nõruta, leotusvedelik reservi. Haki seened peeneks. Asetage seened väikesesse kaussi; katke kaanega ja jahutage kuni vajaduseni sammus 4. Tõsta seened ja vedelik kõrvale.

2. Kastme jaoks sega köögikombainis kokku sibulad, aasia pirn, ingver, serrano, küüslauk ja reserveeritud seente leotusvedelik. Kata ja töötle ühtlaseks. Tõsta kaste kõrvale.

3. Kuumuta 6-liitrises kastrulis kookosõli keskmisel-kõrgel kuumusel. Puista ribisid värskelt jahvatatud musta pipraga. Küpseta ribisid partiidena kuumas kookosõlis umbes 10 minutit või kuni need on igast küljest hästi pruunistunud, keerates poole küpsetamise ajal ümber. Pange kõik ribid potti tagasi; lisa kaste ja veisepuljong. Katke Hollandi ahi õhukindla kaanega. Küpseta umbes 10 tundi või kuni liha on väga pehme ja luude küljest lahti kukkunud.

4. Eemalda kastmest ettevaatlikult ribid. Asetage ribid ja kaste eraldi anumatesse. Kata ja pane üleöö külmkappi. Kui see on jahtunud, eemaldage kastme pinnalt rasv ja visake ära. Lase kaste kõrgel kuumusel keema; lisage 1. etapi hüdraatunud seened ja värsked seened. Hauta tasasel tulel 10 minutit, et kaste väheneks ja maitsed intensiivistuksid. Pange ribid tagasi kastmesse; hauta kuni läbikuumenemiseni.

Lisa 1 supilusikatäis apelsinikoort ja apelsinimahl. Serveeri koos praetud ingverkapsaga. Soovi korral puista peale veel apelsinikoort.

Praetud ingverikapsas: kuumutage suurel pannil 1 supilusikatäis rafineeritud kookosõli keskmisel-kõrgel kuumusel. Lisa 2 spl hakitud värsket ingverit; 2 hakitud küüslauguküünt; ja maitse järgi purustatud punast pipart. Küpseta ja sega, kuni see lõhnab, umbes 30 sekundit. Lisage 6 tassi hakitud napat, lehtkapsast või rohelist kapsast ja 1 Aasia pirn, kooritud, südamikust puhastatud ja õhukesteks viiludeks lõigatud. Keeda ja sega 3 minutit või kuni kapsas veidi närbub ja pirn on pehmenenud. Lisage ½ tassi magustamata õunamahla. Katke ja küpseta umbes 2 minutit, kuni kapsas on pehme. Lisa ½ tassi viilutatud talisibulat ja 1 supilusikatäis seesamiseemneid.

BEEBIRIBID TSITRUSELISTE JA APTEEGITILLI GREMOLATAGA

KODUTÖÖ:40 minutit grill: 8 minutit aeglast küpsetamist: 9 tundi (madal) või 4½ tundi (kõrge) Saagis: 4 portsjonit

GREMOLATA ON MAITSEV SEGUPETERSELLI, KÜÜSLAUGU JA SIDRUNIKOOREGA, MIDA PUISTATAKSE OSSO BUCCO, KLASSIKALISE ITAALIA ROA HAUTATUD VASIKAKOIBADE PEALE, ET MUUTA SELLE RIKKALIK JA KREEMJAS MAITSE HELEDAMAKS. APELSINIKOORE JA VÄRSKETE SULELISTE APTEEGITILLILEHTEDE LISAMISEGA TEEB SEE SAMA NENDE PEHMETE VEISELIHA LÜHIKESTE RIBIDE PUHUL.

RIBID
    2½ kuni 3 naela kondiga veiseliharibi
    3 spl sidrunimaitseainet (vt<u>retsept</u>)
    1 keskmine apteegitilli sibul
    1 suur sibul, lõigatud suurteks viiludeks
    2 tassi veiselihapuljongit (vt<u>retsept</u>) või ilma soolata veiselihapuljongit
    2 küüslauguküünt, pooleks lõigatud

RÖSTITUD KÕRVITS
    3 supilusikatäit ekstra neitsioliiviõli
    1 nael kõrvitsat, kooritud, seemnetest puhastatud ja ½-tollisteks tükkideks lõigatud (umbes 2 tassi)
    4 tl hakitud värsket tüümiani
    Ekstra neitsioliiviõli

GREMOLATA

¼ tassi hakitud värsket peterselli

2 spl hakitud küüslauku

1½ tl peeneks riivitud sidrunikoort

1½ tl peeneks riivitud apelsinikoort

1. Puista ribisid sidruniürdimaitseainega; hõõruge liha kergelt sõrmedega; kõrvale panema. Eemaldage apteegitillilt lehed; tsitrusviljade ja apteegitilli Gremolata reserv. Kärbi ja veerandi apteegitilli sibul.

2. Söegrilli jaoks aseta grilli ühele küljele keskmisel kuumusel söed. Proovige keskmist kuumust söevaba grilli külje kohal. Asetage ribid grillrestile ilma söeta küljel; asetage apteegitilliveerandid ja sibulaviilud restile otse söe peale. Katke ja grillige 8–10 minutit või seni, kuni köögiviljad ja ribid on kuldpruunid, keerates poole grillimise ajal ümber. (Gaasigrillil eelsoojendage grill, alandage kuumust keskmisele tasemele. Seadistage kaudseks küpsetamiseks. Asetage ribid grillile süütamata põleti kohale; asetage apteegitill ja sibul grillile süttinud põleti kohale. Katke ja küpsetage grillitud vastavalt juhistele.) Kui see on käsitsemiseks piisavalt jahtunud. ,

3. Sega 5–6-liitrises aeglases pliidis hakitud apteegitill ja sibul, veiselihapuljong ja küüslauk. Lisa ribid. Katke ja küpseta madalal kuumusel 9–10 tundi või 4,5–5 tundi kõrgel kuumusel. Tõsta lõhikuga lusikaga ribid taldrikule; Sooja hoidmiseks kata alumiiniumfooliumiga.

4. Samal ajal kuumuta squashi jaoks suurel pannil 3 supilusikatäit õli keskmisel-kõrgel kuumusel. Lisa kõrvits ja 3 tl tüümiani, sega kõrvitsa katmiseks. Aseta kõrvits ühe kihina pannile ja küpseta segamata umbes 3 minutit või kuni alumised küljed on pruunid. Pöörake kõrvitsatükid ümber; küpseta veel umbes 3 minutit või kuni teised küljed on pruunid. Vähendage kuumust madalaks; katke ja küpseta 10 kuni 15 minutit või kuni pehme. Puista peale ülejäänud teelusikatäis värsket tüümiani; nirista peale ekstra neitsioliiviõli.

5. Gremolata jaoks haki peeneks reserveeritud apteegitilli lehti, et saada ¼ tassi. Sega väikeses kausis kokku hakitud apteegitilli lehed, petersell, küüslauk, sidrunikoor ja apelsinikoor.

6. Puista ribidele gremolata. Serveeri kõrvitsaga.

ROOTSIPÄRASED VEISELIHAPIRUKAD TILLI-SINEPI KURGI SALATIGA

KODUTÖÖ:30 minutit keetmist: 15 minutit saagis: 4 portsjonit

BEEF À LA LINDSTROM ON ROOTSI HAMBURGERTRADITSIOONILISELT MARINEERITUD SIBULA, KAPPARI JA PEEDIGA, SERVEERITAKSE KASTMEGA JA ILMA KUKLITA. SEE VÜRTSIDEGA RIKASTATUD VERSIOON ASENDAB RÖSTITUD PEET SOOLAGA MARINEERITUD PEET JA KAPPARID NING ON KAETUD PRAEMUNAGA.

KURGI SALAT
- 2 tl naturaalset apelsinimahla
- 2 tl valge veini äädikat
- 1 tl Dijoni stiilis sinepit (vt<u>retsept</u>)
- 1 spl ekstra neitsioliiviõli
- 1 suur seemneteta (inglise) kurk, kooritud ja viilutatud
- 2 spl viilutatud murulauku
- 1 spl hakitud värsket tilli

LIHA EMPANADAD
- 1 nael veisehakkliha
- ¼ tassi peeneks hakitud sibulat
- 1 spl Dijoni stiilis sinepit (vt<u>retsept</u>)
- ¾ tl musta pipart
- ½ tl jahvatatud pipart

½ väikest punapeeti, röstitud, kooritud ja peeneks hakitud *

2 supilusikatäit ekstra neitsioliiviõli

½ tassi veiseliha puljongit (vt retsept) või ilma soolata veiselihapuljongit

4 suurt muna

1 spl peeneks hakitud murulauku

1. Kurgisalati jaoks sega suures kausis apelsinimahl, äädikas ja Dijoni sinep. Lisa aeglaselt peenikese joana oliiviõli, vahustades, kuni kaste veidi pakseneb. Lisa kurk, murulauk ja till; segage kuni segunemiseni. Kata ja hoia serveerimiseni külmkapis.

2. Veiselihakotlettide jaoks sega suures kausis veisehakkliha, sibul, Dijoni stiilis sinep, cayenne ja piment. Lisa röstitud peet ja sega õrnalt, kuni see on ühtlaselt lihaga segunenud. Vormi segust neli ½ tolli paksust pätsi.

3. Kuumuta suurel pannil 1 spl oliiviõli keskmisel-kõrgel kuumusel. Prae burgereid umbes 8 minutit või kuni need on pealt pruunistunud ja läbi küpsenud (160°), keerates üks kord ümber. Tõsta burgerid taldrikule ja kata soojas hoidmiseks lõdvalt fooliumiga. Lisage veiselihapuljong, segades, et kaapida panni põhjast üles pruunistunud tükid. Küpseta umbes 4 minutit või kuni see on poole võrra vähenenud. Valage burgerid üle vähendatud pannimahlaga ja katke uuesti lõdvalt.

4. Loputage ja pühkige pann paberrätikuga. Kuumuta ülejäänud 1 spl oliiviõli keskmisel kuumusel. Prae

mune kuumas õlis 3–4 minutit või kuni valged on hangunud, kuid munakollased jäävad pehmeks ja vedelaks.

5. Aseta igasse lihakottisse üks muna. Puista peale murulauk ja serveeri kurgisalatiga.

*Nõuanne: peedi röstimiseks hõõru korralikult läbi ja aseta alumiiniumfooliumitükile. Nirista peale veidi oliiviõli. Mähi alumiiniumfooliumi ja sulge hermeetiliselt. Rösti 375-kraadises ahjus umbes 30 minutit või kuni peedid on kahvliga kergesti läbi torgatavad. Lase jahtuda; nahalt maha libiseda. (Peeti võib röstida kuni 3 päeva ette. Keera kooritud röstitud peet tihedalt mässi ja hoia külmkapis.)

RUKOLA RÖSTITUD VEISELIHABURGERID RÖSTITUD JUURVILJADEGA

KODUTÖÖ:40 minutit küpsetamist: 35 minutit röstimist: 20 minutit saagist: 4 portsjonit

ELEMENTE ON PALJUNENDELE RAMMUSATELE BURGERITELE JA NENDE KOKKUPANEK VÕTAB VEIDI AEGA, KUID USKUMATU MAITSETE KOMBINATSIOON TEEB SELLE PINGUTUST IGATI VÄÄRT: LIHANE BURGER ON KAETUD KARAMELLISEERITUD SIBULA-SEENEKASTMEGA NING SERVEERITAKSE MAGUSATE GRILLITUD KÖÖGIVILJADE JA RUKOLA PIPRAGA. .

5 supilusikatäit ekstra neitsioliiviõli

2 tassi viilutatud värskeid seeni, cremini ja/või shiitake

3 kollast sibulat, õhukeselt viilutatud*

2 tl köömneid

3 porgandit, kooritud ja lõigatud 1-tollisteks tükkideks

2 pastinaaki, kooritud ja lõigatud 1-tollisteks tükkideks

1 tammetõru kõrvits, poolitatud, seemnetest puhastatud ja viiludeks lõigatud

värskelt jahvatatud musta pipart

2 naela veisehakkliha

½ tassi peeneks hakitud sibulat

1 spl soolavaba universaalset maitseainesegu

2 tassi veiselihapuljongit (vt retsept) või ilma soolata veiselihapuljongit

¼ tassi magustamata õunamahla

1 kuni 2 supilusikatäit valge veini äädikat või kuiva šerrit

1 spl Dijoni stiilis sinepit (vt<u>retsept</u>)
1 spl hakitud värskeid tüümiani lehti
1 spl värsket peterselli ribadeks lõigatud
8 tassi rukola lehti

1. Kuumuta ahi temperatuurini 425 ° F. Kuumuta kastme jaoks suurel pannil keskmisel-kõrgel kuumusel 1 spl oliiviõli. Lisa seened; küpseta ja sega umbes 8 minutit või kuni see on hästi pruunistunud ja pehme. Tõsta seened lusika abil taldrikule. Pange pann uuesti kuumenema; vähenda kuumust keskmisele tasemele. Lisa ülejäänud 1 spl oliiviõli, viilutatud sibul ja köömned. Katke ja küpseta 20–25 minutit või kuni sibul on väga pehme ja rikkalikult pruunistunud, aeg-ajalt segades. (Sibulate põletamise vältimiseks reguleerige kuumust vastavalt vajadusele.)

2. Vahepeal lao röstitud juurviljade jaoks suurele ahjuplaadile porgandid, pastinaak ja kõrvits. Nirista peale 2 spl oliiviõli ja puista maitse järgi pipart; sega köögiviljade katteks. Rösti 20–25 minutit või kuni see on pehme ja hakkab just pruunistuma, keerates üks kord röstimise keskel. Hoidke köögivilju soojas kuni serveerimiseni.

3. Burgerite jaoks sega suures kausis veisehakkliha, peeneks hakitud sibul ja maitseainesegu. Jagage lihasegu neljaks võrdseks osaks ja vormige umbes ¾ tolli paksused pätsikesed. Kuumuta eriti suurel pannil ülejäänud supilusikatäis oliiviõli keskmisel-kõrgel kuumusel. Lisage burgerid pannile; küpseta umbes 8 minutit või kuni see on mõlemalt poolt söestunud, keerake üks kord ümber. Tõsta burgerid taldrikule.

4. Lisage pannile karamelliseeritud sibul, reserveeritud seened, veiselihapuljong, õunamahl, šerri ja Dijoni stiilis sinep, segades. Pane burgerid tagasi pannile. Lase keema tõusta. Küpseta, kuni burgerid on valmis (160 °F), umbes 7–8 minutit. Lisa maitse järgi värsket tüümiani, peterselli ja pipart.

5. Serveerimiseks asetage igale neljale taldrikule 2 tassi rukolat. Jaga röstitud köögiviljad salatite vahel, seejärel tõsta peale burgerid. Tõsta sibulasegu lusikaga rikkalikult burgerite peale.

*Nõuanne: Sibula õhukeseks viilutamiseks on suureks abiks mandoliinilõikur.

GRILLITUD VEISELIHABURGERID SEESAMIKOOREGA TOMATITEGA

KODUTÖÖ:30 minutit puhkust: 20 minutit grill: 10 minutit saagis: 4 portsjonit

KRÕBEDAD JA KULDSED SEESAMIKOORIKUGA TOMATIVIILUDASENDAGE NENDES SUITSUSTES BURGERITES TRADITSIOONILINE SEESAMISEEMNE KUKKEL. SERVEERI NEID NOA JA KAHVLIGA.

4 ½ tolli paksust viilu punast või rohelist tomatit*

1¼ naela lahja veiseliha

1 spl suitsumaitseainet (vt<u>retsept</u>)

1 suur muna

¾ tassi mandlijahu

¼ tassi seesamiseemneid

¼ tl musta pipart

1 väike punane sibul, poolitatud ja viilutatud

1 spl ekstra neitsioliiviõli

¼ tassi rafineeritud kookosõli

1 väike peasalat

Paleoketšup (vt<u>retsept</u>)

Dijoni stiilis sinep (vt<u>retsept</u>)

1. Lao tomativiilud kahekordsele paberrätikule. Kata tomatid teise kahekordse paberrätikuga. Vajutage kergelt paberrätikutele, et need kleepuks tomatite külge. Laske 20–30 minutit toatemperatuuril seista, et osa tomatimahlast imenduks.

2. Samal ajal ühenda suures kausis veisehakkliha ja suitsumaitseaine. Vormi neljaks ½ tolli paksuseks pätsiks.

3. Klopi madalas kausis muna kahvliga kergelt lahti. Teises madalas kausis segage mandlijahu, seesamiseemned ja pipar. Kastke iga tomativiil muna sisse, keerake see katteks. Laske üleliigsel munal nõrguda. Kasta iga tomativiil mandlijahusegusse, keera kattekihiks. Asetage pekstud tomatid tasasele taldrikule; kõrvale panema. Viska sibulaviilud oliiviõliga; aseta sibulaviilud röstimiskorvi.

4. Söe- või gaasigrilli jaoks tõsta sibulad korvi ja lihakotletid keskmisel kuumusel grillile. Kata kaanega ja grilli 10–12 minutit, vastasel juhul on sibulad kuldsed ja kergelt söestunud ning pätsikesed on valmis (160°), sibulaid aeg-ajalt segades ja korra ümber pöörates.

5. Samal ajal kuumuta suurel pannil keskmisel kuumusel õli. Lisa tomativiilud; küpseta 8–10 minutit või kuni kuldpruunini, keerates üks kord. (Kui tomatid pruunistuvad liiga kiiresti, alanda kuumust keskmiselt madalale. Vajadusel lisa veel õli.) Nõruta paberrätikuga vooderdatud taldrikul.

6. Serveerimiseks jaga salat nelja serveerimistaldriku vahel. Kõige peale lisa pätsikesed, sibul, Paleo ketšup, Dijoni stiilis sinep ja seesamikoorega tomatid.

*Märkus: tõenäoliselt vajate 2 suurt tomatit. Kui kasutate punaseid tomateid, valige küpsed, kuid siiski veidi tugevad tomatid.

BURGERID PULGA PEAL BABA GHANOUSHI DIPIKASTMEGA

SUKELDUGE: 15 minutit ettevalmistus: 20 minutit grill: 35 minutit saagis: 4 portsjonit

BABA GHANOUSH ON LÄHIS-IDA LAIENDUSVALMISTATUD GRILLITUD SUITSUTATUD BAKLAŽAANIST, MIS ON PÜREESTATUD OLIIVIÕLI, SIDRUNI, KÜÜSLAUGU JA TAHIINIGA, JAHVATATUD SEESAMISEEMNETEST VALMISTATUD PASTA. NÄPUTÄIS SEESAMISEEMNEID ON HEA, KUID ÕLIKS VÕI PASTAKS TEHES MUUTUVAD NEED KONTSENTREERITUD LINOOLHAPPE ALLIKAKS, MIS VÕIB SOODUSTADA PÕLETIKKU. SIIN KASUTATAV PIINIAPÄHKLIVÕI ON HEA ASENDUSAINE.

- 4 kuivatatud tomatit
- 1½ naela lahja veiseliha
- 3 kuni 4 supilusikatäit peeneks hakitud sibulat
- 1 spl peeneks hakitud värsket pune ja/või peeneks hakitud värsket piparmünti või ½ tl kuivatatud pune, purustatud
- ¼ tl Cayenne'i pipart
- Baba Ghanoushi dipikaste (vt retsept, allpool)

1. Leota kaheksat 10-tollist puidust varrast 30 minutit vees. Samal ajal vala väikeses kausis tomatitele keev vesi; lase 5 minutit seista, et rehüdraat. Nõruta tomatid ja kuivata paberrätikutega.

2. Sega suures kausis kuubikuteks lõigatud tomatid, veisehakkliha, sibul, pune ja cayenne'i pipar. Jaga lihasegu kaheksaks osaks; veereta iga portsjon

palliks. Eemaldage vardad veest; Ma tean seda.
Keerake pall vardasse ja moodustage varda ümber
pikk ovaal, alustades terava otsa alt ja jättes teises
otsas piisavalt ruumi pulga toetamiseks. Korda sama
ülejäänud varraste ja pallidega.

3. Söe- või gaasigrilli jaoks aseta lihavardad otse
   keskmisel kuumusel grillile. Katke ja grillige umbes 6
   minutit või kuni küpsetamiseni (160 °F), pöörates
   üks kord poole grillimise ajal ümber. Serveeri Baba
   Ghanoushi dipikastmega.

Baba Ghanoushi dipikaste: Torgake kahvliga mitmest
kohast 2 keskmist baklažaani. Söe- või gaasigrilli
jaoks asetage baklažaanid grillrestile otse keskmisele
kuumusele. Katke ja grillige 10 minutit või kuni igast
küljest söestunud, keerates grillimise ajal mitu korda.
Eemaldage baklažaanid ja mähkige need
ettevaatlikult alumiiniumfooliumisse. Tõsta pakitud
baklažaanid tagasi grillile, kuid mitte otse süte
kohale. Katke ja grillige veel 25–35 minutit või kuni
see on kokku kukkunud ja väga pehme. Lahe. Lõika
baklažaanid pooleks ja kraabi viljaliha välja; aseta
liha köögikombaini. Lisa ¼ tassi piiniapähklivõid
(vt_retsept_); ¼ tassi värsket sidrunimahla; 2 hakitud
küüslauguküünt; 1 spl ekstra neitsioliiviõli; 2–3
supilusikatäit värsket peterselli, lõigatud ribadeks; ja
½ tl jahvatatud köömneid. Kata ja töötle peaaegu
ühtlaseks. Kui kaste on kastmiseks liiga paks, lisa
soovitud konsistentsi saavutamiseks piisavalt vett.

SUITSUTATUD TÄIDISEGA PAPRIKA

KODUTÖÖ:20 minutit küpsetamist: 8 minutit küpsetamist: 30 minutit saagist: 4 portsjonit

MUUTKE SEE PERE LEMMIKUKSVÄRVILISTE PAPRIKATE SEGUGA PILKUPÜÜDVAKS ROAKS. FIRE ROASTED TOMATID ON HEA NÄIDE SELLEST, KUIDAS TERVISLIKUL VIISIL TOIDULE SUUREPÄRAST MAITSET LISADA. TOMATEID ENNE KONSERVEERIMIST (ILMA SOOLATA) KERGELT RÖSTIDES LISAB NEILE MAITSET.

- 4 suurt rohelist, punast, kollast ja/või oranži paprikat
- 1 nael veisehakkliha
- 1 spl suitsumaitseainet (vt<u>retsept</u>)
- 1 spl ekstra neitsioliiviõli
- 1 väike kollane sibul, hakitud
- 3 küüslauguküünt, hakitud
- 1 väike lillkapsas, südamik ja õisikuteks lõigatud
- 1 15-untsi purk kuubikuteks lõigatud ilma soolata tulel röstitud tomatid, nõrutatud
- ¼ tassi peeneks hakitud värsket peterselli
- ½ tl musta pipart
- ⅛ tl cayenne'i pipart
- ½ tassi pähklipuru katet (vt<u>retsept</u>, allpool)

1. Kuumuta ahi temperatuurini 375 ° F. Lõika paprika vertikaalselt pooleks. Eemaldage varred, seemned ja membraanid; ära visata. Tõsta paprikapoolikud kõrvale.

2. Asetage veisehakkliha keskmisesse kaussi; puista peale suitsumaitseainet. Sega kätega õrnalt maitseained liha sisse.

3. Kuumuta suurel pannil keskmisel kuumusel oliiviõli. Lisa liha, sibul ja küüslauk; küpseta, kuni liha on pruunistunud ja sibul pehme, sega puulusikaga, et liha purustada. Eemaldage pann tulelt.

4. Töötle lillkapsaõisikud köögikombainis peeneks hakitud. (Kui sul köögikombaini pole, riivi lillkapsas karpi riivile.) Mõõda 3 tassi lillkapsast. Lisa pannil hakklihasegule. (Kui lillkapsast jääb üle, säilita see muuks kasutamiseks.) Lisa kuivatatud tomatid, petersell, must pipar ja Cayenne'i pipar.

5. Täida paprikapoolikud veisehakklihaseguga, pakenda kergelt ja kummuta veidi. Aseta täidetud paprikapoolikud ahjuvormi. Küpseta 30 kuni 35 minutit või kuni paprika on krõbe-õrn. * Pealt pähklipuru kattega. Soovi korral pane enne serveerimist 5 minutiks tagasi ahju, et see krõbedaks.

Pekanipähklipuru kate: kuumutage keskmisel pannil 1 spl ekstra neitsioliiviõli keskmisel madalal kuumusel. Lisa 1 tl kuivatatud tüümiani, 1 tl suitsupaprikat ja ¼ tl küüslaugupulbrit. Lisage 1 tass peeneks hakitud kreeka pähkleid. Küpseta ja sega umbes 5 minutit või kuni pähklid on kuldpruunid ja kergelt röstitud. Lisa näputäis või kaks cayenne'i pipart. Lase täielikult jahtuda. Säilitage kattejääke tihedalt suletud anumas külmkapis kuni kasutamiseni. Teeb 1 tassi.

*Märkus: kui kasutate rohelist paprikat, küpsetage veel 10 minutit.

BISONI BURGERID CABERNET'I SIBULA JA RUKOLAGA

KODUTÖÖ:30 minutit küpsetamist: 18 minutit grillimist: 10 minutit valmistab: 4 portsjonit

PIISONITEL ON VÄGA MADAL RASVASISALDUSJA VALMIB 30-50% KIIREMINI KUI VEISELIHA. LIHA SÄILITAB PÄRAST KÜPSETAMIST OMA PUNASE VÄRVUSE, MISTÕTTU VÄRVUS EI NÄITA, ET SEE ON VALMIS. KUNA PIISON ON NII LAHJA, ÄRGE KÜPSETAGE SEDA SISETEMPERATUURIL 155 °F.

2 supilusikatäit ekstra neitsioliiviõli

2 suurt magusat sibulat, õhukeselt viilutatud

¾ tassi Cabernet Sauvignoni või muud kuiva punast veini

1 tl Vahemere maitseainet (vt<u>retsept</u>)

¼ tassi ekstra neitsioliiviõli

¼ tassi balsamico äädikat

1 spl peeneks hakitud šalottsibul

1 spl hakitud värsket basiilikut

1 väike küüslauguküüs, hakitud

1 nael jahvatatud piison

¼ tassi basiiliku pestot (vt<u>retsept</u>)

5 tassi rukolat

Toores soolamata pistaatsiapähklid, röstitud (vt<u>kallutada</u>)

1. Kuumuta suurel pannil 2 supilusikatäit õli keskmisel või madalal kuumusel. Lisa sibulad. Küpseta kaanega 10–15 minutit või kuni sibul on pehme, aeg-ajalt segades. Avasta; küpseta ja sega keskmisel kõrgel kuumusel 3–5 minutit või kuni sibul on kuldne. Lisa

vein; küpseta umbes 5 minutit või kuni suurem osa veinist on aurustunud. Puista üle Vahemere maitseainega; soojas hoidmine.

2. Samal ajal segage vinegreti jaoks keeratava kaanega purgis ¼ tassi oliiviõli, äädikat, šalottsibulat, basiilikut ja küüslauku. Katke ja loksutage korralikult.

3. Sega suures kausis kergelt kokku jahvatatud piisoni- ja basiilikupesto. Vormige lihasegust kergelt neli ¾ tolli paksust pätsi.

4. Söe- või gaasigrilli jaoks asetage burgerid kergelt õlitatud grillrestile otse keskmisele kuumusele. Katke ja grillige umbes 10 minutit, kuni see on soovitud küpsus (145 °F keskmise haruldase puhul või 155 °F keskmise küpsetamise puhul), keerates üks kord poole röstimise ajal.

5. Aseta rukola suurde kaussi. Nirista rukolale vinegretti; sega katmiseks. Serveerimiseks jagage sibulad nelja serveerimistaldriku vahel; top iga piisonitütt. Kata burgerid rukolaga ja puista peale pistaatsiapähklid.

PIISONI- JA LAMBALIHALEIB ŠVEITSI MANGOLDIL JA BATAADIL

KODUTÖÖ:1 tund küpsetamist: 20 minutit küpsetamist: 1 tund puhkust: 10 minutit Saagis: 4 portsjonit

SEE ON VANAAEGNE MUGAVUSTOITMOODSA VIMKAGA. PUNASE VEINI KASTE ANNAB LIHALEIVALE TUGEVA MAITSE NING KÜÜSLAUGUKÜÜSLAUK JA MAGUSKARTULIPÜREE INDIA PÄHKLI KOORE JA KOOKOSÕLIGA PAKUVAD USKUMATUT TOITEVÄÄRTUST.

- 2 supilusikatäit oliiviõli
- 1 tass peeneks hakitud cremini seeni
- ½ tassi peeneks hakitud punast sibulat (1 keskmine)
- ½ tassi peeneks hakitud sellerit (1 vars)
- ⅓ tassi peeneks hakitud porgandit (1 väike)
- ½ väikesest õunast, südamikust puhastatud, kooritud ja murendatud
- 2 hakitud küüslauguküünt
- ½ tl Vahemere maitseainet (vt retsept)
- 1 suur muna, kergelt lahti klopitud
- 1 spl hakitud värsket salvei
- 1 spl hakitud värsket tüümiani
- 8 untsi jahvatatud piisonit
- 8 untsi jahvatatud lamba- või veiseliha
- ¾ tassi kuiva punast veini
- 1 keskmine šalottsibul, peeneks hakitud
- ¾ tassi veiselihapuljongit (vt retsept) või ilma soolata veiselihapuljongit

Bataadipüree (vt retsept, allpool)
Šveitsi mangold küüslauguga (vt retsept, allpool)

1. Kuumuta ahi temperatuurini 350 ° F. Kuumuta suurel pannil õli keskmisel kuumusel. Lisa seened, sibul, seller ja porgand; küpseta ja sega umbes 5 minutit või kuni köögiviljad pehmenevad. Vähendage kuumust madalaks; lisa riivitud õun ja küüslauk. Küpseta kaanega umbes 5 minutit või kuni köögiviljad on väga pehmed. Eemaldage kuumusest; lisa Vahemere maitseaine.

2. Tõsta seenesegu lõhikuga lusikaga suurde kaussi, jättes rasva pannile. Lisa muna, salvei ja tüümian. Lisa jahvatatud piison ja jahvatatud lambaliha; sega kergelt läbi. Asetage lihasegu 2-kvartisse ristkülikukujulisse ahjuvormi; moodustab 7 × 4-tollise ristküliku. Küpseta umbes 1 tund või kuni kiirloetav termomeeter registreerib 155 °F. Laske 10 minutit puhata. Eemalda lihaleib ettevaatlikult ja tõsta serveerimisvaagnale. Kata ja hoia soojas.

3. Kastme kastme jaoks kraapige küpsetusvormi rasva ja pruunistatud krõbedad tükid pannil reserveeritud määrde hulka. Lisa vein ja šalottsibul. Kuumuta keskmisel kuumusel keemiseni; küpseta, kuni see väheneb poole võrra. Lisa veiseliha kondipuljong; küpseta ja sega, kuni see väheneb poole võrra. Eemaldage pann tulelt.

4. Serveerimiseks jaga kartulipüree nelja serveerimistaldriku vahel; kõige peale küüslaugune

mangold. Lihaleiva viil; Laota viilud Garlicky Swiss Chard'ile ja nirista pannil kastmega.

Bataadipüree: koorige ja tükeldage 4 keskmist maguskartulit. Keeda kartuleid suures kastrulis 15 minutit või kuni need on pehmed, piisavalt keevas vees, et see kataks. tühjendama. Püreesta kartulimassriga. Lisa ½ tassi india pähkli koort (vt retsept) ja 2 spl rafineerimata kookosõli; püreesta ühtlaseks. Püsi soojas.

Küüslaugu mangold: eemaldage kahelt mangoldi kobaralt varred ja visake ära. Haki lehed jämedalt. Kuumuta suurel pannil keskmisel kuumusel 2 supilusikatäit oliiviõli. Lisa mangold ja 2 hakitud küüslauguküünt; küpseta, kuni mangold on pehme, aeg-ajalt tangidega segades.

PIISONI LIHAPALLID ÕUNAGA JA SÕSTRAD SUVIKÕRVITSAGA PAPPARDELLE

KODUTÖÖ: 25 minutit küpsetamist: 15 minutit küpsetamist: 18 minutit saagis: 4 portsjonit

LIHAPALLID SAAVAD VÄGA MÄRJADKUI SA NEID KUJUNDAD. LIHASEGU KÄTE KÜLGE KLEEPUMISE VÄLTIMISEKS HOIDKE KAUSSI KÜLMA VEEGA KÄEPÄRAST JA TEHKE TÖÖTAMISE AJAL AEG-AJALT KÄSI MÄRJAKS. LIHAPALLIDE VALMISTAMISE AJAL VAHETA PAAR KORDA VETT.

PELMEENID
- Oliiviõli
- ½ tassi jämedalt hakitud punast sibulat
- 2 hakitud küüslauguküünt
- 1 muna, kergelt lahtiklopitud
- ½ tassi seeni ja varred peeneks hakitud
- 2 spl hakitud värsket itaalia (lamedalehelist) peterselli
- 2 tl oliiviõli
- 1 nael jahvatatud piison (võimaluse korral jämedalt jahvatatud)

ÕUNA- JA SÕSTRAKASTE
- 2 supilusikatäit oliiviõli
- 2 suurt Granny Smithi õuna, kooritud, puhastatud südamikust ja peeneks hakitud
- 2 šalottsibulat, hakitud
- 2 spl värsket sidrunimahla

½ tassi kana kondipuljongit (vt<u>retsept</u>) või ilma soolata kanapuljongit

2 kuni 3 supilusikatäit kuivatatud sõstraid

SUVIKÕRVITS PAPPARDELLE
6 suvikõrvitsat
2 supilusikatäit oliiviõli
¼ tassi peeneks hakitud murulauku
½ tl purustatud punast pipart
2 hakitud küüslauguküünt

1. Lihapallide jaoks soojendage ahi temperatuurini 375 ° F. Pintseldage ääristatud küpsetusplaati kergelt oliiviõliga; kõrvale panema. Sega köögikombainis või blenderis sibul ja küüslauk. Pulse ühtlaseks. Viige sibulasegu keskmisesse kaussi. Lisa muna, seened, petersell ja 2 tl õli; sega kokku. Lisa jahvatatud piison; sega kergelt, kuid hästi. Jaga lihasegu 16 portsjoniks; vormida lihapallid. Asetage lihapallid ühtlaste vahedega ettevalmistatud küpsetusplaadile. Küpseta 15 minutit; kõrvale panema.

2. Kastme jaoks kuumuta pannil keskmisel kuumusel 2 spl õli. Lisa õunad ja šalottsibul; küpseta ja sega 6–8 minutit või kuni see on väga pehme. Lisa sidrunimahl. Tõsta segu köögikombaini või blenderisse. Kata ja töötle või sega ühtlaseks; pannile tagasi. Lisa kanakondipuljong ja sõstrad. Lase keema tõusta; vähendada kuumust. Hauta kaaneta 8–10 minutit, sageli segades. Lisa lihapallid; keeda ja sega madalal kuumusel läbikuumenemiseni.

3. Vahepeal lõika pappardelle jaoks suvikõrvitsal otsad ära. Raseeri suvikõrvits väga terava mandoliini- või juurviljakoorijaga õhukesteks ribadeks. (Selleks, et paelad säiliksid, lõpetage raseerimine, kui jõuate kõrvitsa keskel olevate seemneteni.) Kuumuta eriti suurel pannil keskmisel kuumusel 2 supilusikatäit õli. Lisa murulauk, purustatud punane pipar ja küüslauk; küpseta ja sega 30 sekundit. Lisa suvikõrvitsapaelad. Küpseta ja sega õrnalt umbes 3 minutit või kuni see on pehmenenud.

4. Serveerimiseks jaga pappardelle nelja serveerimistaldriku vahel; peale lihapallid ja õunasõstrakaste.

BISON PORCINI BOLOGNESE RÖSTITUD KÜÜSLAUGU SPAGETTIKÕRVITSAGA

KODUTÖÖ:30 minutit küpsetamist: 1 tund 30 minutit küpsetamist: 35 minutit Saagis: 6 portsjonit

KUI ARVATE, ET OLETE SÖÖNUDTEIE VIIMANE KAUSS SPAGETTE LIHAKASTMEGA, KUI VÕTSITE KASUTUSELE THE PALEO DIET®, MÕELGE UUESTI. MAITSESTATUD KÜÜSLAUGU, PUNASE VEINI JA MULDSETE PURAVIKE SEENTEGA, SEE RIKKALIK BOLOGNESE ON TÄIDETUD MAGUSATE, SUUSSULAVATE SPAGETIKÕRVITSATÜKKIDE PEAL. TE EI JÄTA MAKARONIST PUUDUST.

1 unts kuivatatud porcini seeni

1 tass keeva veega

3 supilusikatäit ekstra neitsioliiviõli

1 nael jahvatatud piison

1 tass peeneks hakitud porgandit (2)

½ tassi hakitud sibulat (1 keskmine)

½ tassi peeneks hakitud sellerit (1 vars)

4 küüslauguküünt, hakitud

3 supilusikatäit soolamata tomatipastat

½ tassi punast veini

2 15-untsi purki ilma soolata purustatud tomatit

1 tl kuivatatud pune, purustatud

1 tl kuivatatud tüümiani, purustatud

½ tl musta pipart

1 keskmine spagetikõrvits (2½ kuni 3 naela)

1 küüslaugu sibul

1. Sega väikeses kausis puravikud ja keev vesi; lase 15 minutit puhata. Kurna läbi 100% puuvillase marli vooderdatud kurna, säilitades leotusvedeliku. Tükelda seened; kõrvale panema

2. Kuumuta 4–5-liitrises kastrulis 1 spl oliiviõli keskmisel kuumusel. Lisa jahvatatud piison, porgand, sibul, seller ja küüslauk. Küpseta, kuni liha on pruunistunud ja köögiviljad pehmed, segades puulusikaga liha purustamiseks. Lisa tomatipasta; küpseta ja sega 1 minut. Lisa punane vein; küpseta ja sega 1 minut. Lisa puravikud, tomatid, pune, tüümian ja pipar. Lisage reserveeritud seenevedelik, vältides kausi põhjas leiduva liiva või kruubi lisamist. Kuumuta aeg-ajalt segades keemiseni; alandage kuumust madalaks. Hauta kaanega 1½ kuni 2 tundi või kuni soovitud konsistentsini.

3. Samal ajal soojendage ahi temperatuurini 375 ° F. Lõika squash pikuti pooleks; kraapige seemned välja. Aseta kõrvitsapoolikud, lõikeküljed allapoole, suurde ahjuvormi. Torka kahvliga kogu nahk läbi. Lõika ära küüslaugu pea ülemine pool tolli. Aseta küüslauk, lõikepool üleval, koos kõrvitsaga ahjuvormi. Nirista peale ülejäänud supilusikatäis oliiviõli. Küpseta 35–45 minutit või kuni kõrvits ja küüslauk on pehmed.

4. Eemaldage lusika ja kahvliga iga kõrvitsapooliku viljaliha ja purustage see; tõsta kaussi ja kata soojas hoidmiseks. Kui küüslauk on käsitsemiseks piisavalt jahe, pigista küüslauk põhjast, et eemaldada nelk.

Purusta küüslauguküüned kahvliga. Sega purustatud küüslauk kõrvitsa hulka, jaotades küüslauku ühtlaselt. Serveerimiseks vala kaste kõrvitsa segule.

PIISON CHILI CON CARNE

KODUTÖÖ:25 minutit keetmist: 1 tund 10 minutit Saagis: 4 portsjonit

ŠOKOLAAD, KOHV JA KANEEL ILMA SUHKRUTALISAGE SELLELE SÜDAMLIKULE LEMMIKULE HUVI. VEELGI SUITSUSEMA MAITSE SAAMISEKS ASENDA PAPRIKAGA 1 SPL SUITSUTATUD MAGUSAT PAPRIKAT.

- 3 supilusikatäit ekstra neitsioliiviõli
- 1 nael jahvatatud piison
- ½ tassi hakitud sibulat (1 keskmine)
- 2 hakitud küüslauguküünt
- 2 14,5-untsi purki, soolata, tükeldatud tomatid, kuivatamata
- 1 6 untsi purk soolamata tomatipastat
- 1 tass veiselihapuljongit (vt retsept) või ilma soolata veiselihapuljongit
- ½ tassi kanget kohvi
- 2 untsi 99% kakaosisaldusega küpsetusbatoon, tükeldatud
- 1 supilusikatäis paprikat
- 1 tl jahvatatud köömneid
- 1 tl kuivatatud pune
- 1½ tl suitsumaitseainet (vt retsept)
- ½ tl jahvatatud kaneeli
- ⅓ tassi seemneid
- 1 tl oliiviõli
- ½ tassi india pähkli koort (vt retsept)

1 tl värsket sidrunimahla

½ tassi värskeid koriandri lehti

4 laimi viilu

1. Kuumuta potis 3 supilusikatäit oliiviõli keskmisel kuumusel. Lisa jahvatatud piison, sibul ja küüslauk; küpseta umbes 5 minutit või kuni liha on pruunistunud, segades puulusikaga liha purustamiseks. Lisa nõrutamata tomatid, tomatipasta, veiselihapuljong, kohv, küpsetusšokolaad, paprika, köömned, pune, 1 tl suitsumaitseainet ja kaneel. Lase keema tõusta; vähendada kuumust. Hauta kaane all 1 tund, aeg-ajalt segades.

2. Samal ajal röstige pepitasid väikesel pannil keskmisel kuumusel 1 tl oliiviõlis, kuni need hakkavad paistma ja muutuvad kuldseks. Asetage pepitas väikesesse kaussi; lisa ülejäänud ½ tl suitsumaitseainet; sega katmiseks.

3. Sega väikeses kausis kokku india pähkli koor ja laimimahl.

4. Serveerimiseks tõsta tšilli lusikaga kaussidesse. Parimad portsjonid india pähkli kreemi, pepitase ja koriandriga. Serveeri koos laimiviiludega.

MAROKO MAITSESTATUD PIISONIPIHVID GRILLITUD SIDRUNITEGA

KODUTÖÖ:10 minutit grillil: 10 minutit Saagis: 4 portsjonit

SERVEERI NEID KIIRESTI VALMIVAID PRAADEVÄRSKE JA KRÕMPSUVA VÜRTSIDEGA PORGANDISALATIGA (VT<u>RETSEPT</u>). KUI SOOVID MAIUST, GRILLITUD ANANASSI KOOKOSKREEMIGA (VT<u>RETSEPT</u>) OLEKS SUUREPÄRANE VIIS SÖÖGIKORRA LÕPETAMISEKS.

2 spl jahvatatud kaneeli

2 supilusikatäit paprikat

1 spl küüslaugupulbrit

¼ tl Cayenne'i pipart

4 6-untsi piisonifilee mignonifileed, lõigatud ¾ kuni 1 tolli paksuseks

2 sidrunit, horisontaalselt pooleks lõigatud

1. Sega väikeses kausis kokku kaneel, paprika, küüslaugupulber ja Cayenne'i pipar. Patsutage praed paberrätikutega kuivaks. Hõõru filee mõlemalt poolt vürtsiseguga.

2. Söe- või gaasigrilli jaoks asetage praed grillile otse keskmisel kuumusel. Katke ja grillige 10 kuni 12 minutit keskmise küpsemise (145 °F) või 12 kuni 15 minutit keskmise (155 °F) puhul, keerates üks kord poole röstimise ajal. Vahepeal asetage sidrunipoolikud, lõigatud küljed allapoole, grillile. Grilli 2–3 minutit või kuni see on kergelt söestunud ja mahlane.

3. Serveeri grillitud sidrunipoolikutega, et steikidele peale pigistada.

PROVENCE'I ÜRTIDEGA HÕÕRUTUD PIISONI SISEFILEE

KODUTÖÖ:15 minutit küpsetamist: 15 minutit röstimist: 1 tund 15 minutit puhkust: 15 minutit Saagis: 4 portsjonit

HERBES DE PROVENCE ON SEGUKUIVATATUD MAITSETAIMEDEST, MIDA KASVAB LÕUNA-PRANTSUSMAAL OHTRALT. SEGU SISALDAB TAVALISELT BASIILIKU, APTEEGITILLI SEEMNE, LAVENDLI, MAJORAANI, ROSMARIINI, SALVEI, SOOLASE JA TÜÜMIANI KOMBINATSIOONI. SEE MAITSESTAB SEDA VÄGA AMEERIKALIKKU RÖSTI KAUNILT.

1 3 naela röstitud piisoni sisefilee
3 supilusikatäit Herbes de Provence
4 supilusikatäit ekstra neitsioliiviõli
3 küüslauguküünt, hakitud
4 väikest pastinaaki, kooritud ja tükeldatud
2 küpset pirni, südamikust puhastatud ja tükeldatud
½ tassi magustamata pirninektarit
1 kuni 2 tl värsket tüümiani

1. Kuumuta ahi temperatuurini 375 ° F. Kärbi röstitud rasv. Sega väikeses kausis Herbes de Provence, 2 spl oliiviõli ja küüslauk; hõõru kogu praad üle.

2. Asetage praad madalale röstimispannile restile. Sisestage ahju termomeeter prae keskele. * Rösti, ilma kaaneta, 15 minutit. Alandage ahju temperatuuri 300 ° F. Röstige veel 60–65 minutit või kuni lihatermomeeter registreerib 140 ° F (keskmiselt

haruldane). Kata alumiiniumfooliumiga ja lase 15 minutit puhata.

3. Samal ajal kuumuta suurel pannil keskmisel kuumusel ülejäänud 2 spl oliiviõli. Lisa pastinaak ja pirnid; küpseta 10 minutit või kuni pastinaak on krõbedaks pehme, aeg-ajalt segades. Lisa pirninektar; küpseta umbes 5 minutit või kuni kaste on veidi paksenenud. Puista peale tüümian.

4. Lõika röst piki tera õhukesteks viiludeks. Serveeri liha pastinaagi ja pirnidega.

*Nõuanne: piison on väga lahja ja küpseb kiiremini kui veiseliha. Samuti on liha värvus punasem kui liha, mistõttu ei saa te küpsuse määramisel visuaalsele vihjele tugineda. Teil on vaja lihatermomeetrit, mis ütleb teile, kui liha on valmis. Ahju termomeeter on ideaalne, kuigi see pole vajalik.

KOHVI HAUTATUD PIISONI LÜHIKESED RIBID MANDARIINI APELSINI GREMOLATA JA SELLERI JUUREPÜREEGA

KODUTÖÖ:15 minutit keetmist: 2 tundi 45 minutit Saagis: 6 portsjonit

PIISONI RIBID ON SUURED JA LIHAKAD.NENDE PEHMENDAMISEKS ON VAJA HÄSTI PIKKA KEETMIST VEDELIKUS. MANDARIINIKOOREGA VALMISTATUD GREMOLATA MUUDAB SELLE RIKKALIKU ROA MAITSE HELEDAMAKS.

MARINAAD
- 2 tassi vett
- 3 tassi kanget kohvi, külm
- 2 tassi värsket mandariini mahla
- 2 supilusikatäit ribadeks lõigatud värsket rosmariini
- 1 tl jämedat jahvatatud musta pipart
- 4 naela piisoniribi, lõigake ribide vahelt eraldamiseks

HAUTA
- 2 supilusikatäit oliiviõli
- 1 tl musta pipart
- 2 tassi hakitud sibulat
- ½ tassi hakitud šalottsibulat
- 6 küüslauguküünt, hakitud
- 1 jalapeño pipar, seemnetest puhastatud ja hakitud (vtkallutada)
- 1 tass kanget kohvi

1 tass veiselihapuljongit (vt<u>retsept</u>) või ilma soolata veiselihapuljongit
¼ tassi Paleo ketšupit (vt<u>retsept</u>)
2 spl Dijoni stiilis sinepit (vt<u>retsept</u>)
3 supilusikatäit siidri äädikat
Sellerijuurepüree (vt<u>retsept</u>, allpool)
Mandariini gremolata (vt<u>retsept</u>, õige)

1. Marinaadi jaoks segage suures mittereaktiivses kausis (klaasist või roostevabast terasest) vesi, külm kohv, mandariini apelsinimahl, rosmariin ja must pipar. Lisa ribid. Vajadusel asetage ribide peale taldrik, et need jääksid vee alla. Katke ja jahutage 4–6 tundi, korra ümber ja segage üks kord.

2. Hautamiseks eelsoojendage ahi temperatuurini 325 ° F. Nõruta ribid, visake marinaad ära. Patsutage ribid paberrätikutega kuivaks. Kuumuta suures Hollandi ahjus oliiviõli keskmisel-kõrgel kuumusel. Maitsesta ribid musta pipraga. Küpseta ribisid partiidena, kuni need on igast küljest pruunistunud, umbes 5 minutit partii kohta. Tõsta suurele taldrikule.

3. Lisa potti sibul, šalottsibul, küüslauk ja jalapeno. Alandage kuumust keskmisele, katke kaanega ja küpseta, kuni köögiviljad on pehmed, aeg-ajalt segades umbes 10 minutit. Lisa kohv ja puljong; segage, kraapides ära kõik pruunistunud tükid. Lisage Paleo ketšup, Dijoni stiilis sinep ja äädikas. Kuumuta keemiseni. Lisa ribid. Kata ja tõsta ahju. Küpseta, kuni liha on pehme, umbes 2 tundi ja 15 minutit, õrnalt segades ja ribisid üks või kaks korda ümber paigutades.

4. Tõsta ribid taldrikule; sooja hoidmiseks alumiiniumfooliumiga telk. Eemaldage lusikaga kastme pinnalt rasv. Keeda kastet, kuni see on 2 tassi, umbes 5 minutit. Jaga sellerijuurepüree 6 taldrikule; peale ribid ja kaste. Puista peale Mandarin Gremolata.

Sellerijuurepüree: segage suures kastrulis 3 naela sellerijuurt, kooritud ja 1-tollisteks tükkideks lõigatud, ja 4 tassi kana luu puljongit (vt.retsept) või soolata kanapuljong. Lase keema tõusta; vähendada kuumust. Nõruta juurseller, jättes puljongi alles. Tõsta juurselleri juur kastrulisse tagasi. Lisa 1 spl oliiviõli ja 2 tl hakitud värsket tüümiani. Püreesta kartulipuderiga juurseller, lisa reserveeritud puljong, paar supilusikatäit korraga, et saavutada soovitud konsistents.

Tangerine Gremolata: Segage väikeses kausis ½ tassi hakitud värsket peterselli, 2 supilusikatäit peeneks riivitud mandariini koort ja 2 hakitud küüslauguküünt.

VEISELIHA KONDIPULJONG

KODUTÖÖ:25 minutit röstimist: 1 tund küpsetamist: 8 tundi
Saagis: 8 kuni 10 tassi

LUUSTEST HÄRJASABADEST SAAB ÄÄRMISELT RIKKALIKU MAITSEGA PULJONGIMIDA SAAB KASUTADA MIS TAHES RETSEPTIS, MIS NÕUAB VEISELIHAPULJONGIT, VÕI LIHTSALT NAUTIDA TASSIS KAASAVÕETUNA IGAL KELLAAJAL. KUIGI VAREM PÄRINESID NAD TEGELIKULT HÄRJALT, PÄRINEVAD HÄRJASABAD NÜÜD LIHALOOMALT.

5 porgandit, tükeldatud

5 sellerivart, jämedalt hakitud

2 kollast sibulat, koorimata, pooleks lõigatud

8 untsi valgeid seeni

1 küüslaugusibul, koorimata, pooleks lõigatud

2 naela härjasaba või veise kondid

2 tomatit

12 tassi külma vett

3 loorberilehte

1. Kuumuta ahi temperatuurini 400 ° F. Asetage porgand, seller, sibul, seened ja küüslauk suurele servaga küpsetusplaadile või madalale küpsetusplaadile; aseta kondid juurviljade peale. Püreesta köögikombainis tomatid ühtlaseks massiks. Laota tomatid luudele, et need kataks (ei sobi, kui osa püreest tilgub pannile ja köögiviljadele). Rösti 1–1,5 tundi või kuni luud on pruunistunud ja köögiviljad karamelliseerunud. Viige luud ja köögiviljad 10–12-

liitrisesse Hollandi ahju või potti. (Kui osa tomatisegust karamelliseerub panni põhjas, lisa pannile 1 tass kuuma vett ja kraabi kokku kõik tükid. Vala vedelik luudele ja juurviljadele, vähendades vee kogust 1 tassi võrra.).

2. Kuumuta segu aeglaselt keskmisel-kõrgel kuni kõrgel kuumusel keema. Vähendage kuumust; katke kaanega ja hautage puljongit aeg-ajalt segades 8–10 tundi.

3. Kurna puljong; luud ja köögiviljad ära visata. värske puljong; viia puljong säilitusmahutitesse ja hoida külmkapis kuni 5 päeva; külmutada kuni 3 kuud. *

Aeglase pliidi juhised: 6–8-liitrise aeglase pliidi jaoks kasutage 1 naela veiselihakonte, 3 porgandit, 3 sellerivart, 1 kollast sibulat ja 1 küüslaugusibul. Püreesta 1 tomat ja hõõru sellega luud. Grilli vastavalt juhistele, seejärel vii kondid ja köögiviljad aeglasele pliidile. Kraapige kõik karamelliseeritud tomatid vastavalt juhistele ja lisage aeglasele pliidile. Lisa nii palju vett, et see kataks. Katke ja keetke kõrgel kuumusel, kuni puljong keeb, umbes 4 tundi. Vähendage madalale kuumusele; küpseta 12-24 tundi. Kurna puljong; luud ja köögiviljad ära visata. Hoida vastavalt juhistele.

*Nõuanne: et puljongilt rasv kergesti eemaldada, hoia seda üle öö külmkapis kaetud anumas. Rasv tõuseb pinnale ja moodustab tugeva kihi, mida saab kergesti maha kraapida. Puljong võib pärast jahutamist pakseneda.

TUNEESIA MAITSESTATUD SEA ABATÜKK VÜRTSIKATE FRIIKARTULITEGA

KODUTÖÖ:25 minutit röstimist: 4 tundi küpsetamist: 30 minutit saagist: 4 portsjonit

SEE ON SUUREPÄRANE ROOGJAHEDAL SÜGISPÄEVAL. LIHA RÖSTIB AHJUS TUNDE, MIS PANEB SU MAJA IMELISELT LÕHNAMA JA ANNAB AEGA MUUDE ASJADEGA TEGELEMISEKS. AHJUKARTULI FRIIKARTULID EI LÄHE SAMAMOODI KRÕBEDAKS KUI VALGED KARTULID, KUID NEED ON OMAMOODI MAITSVAD, ERITI KÜÜSLAUGUMAJONEESI SISSE KASTATUNA.

SIGA
  1 2½ kuni 3 naela kondiga sea abapraad
  2 tl jahvatatud anchotšiili
  2 tl jahvatatud köömneid
  1 tl köömneid, kergelt purustatud
  1 tl jahvatatud koriandrit
  ½ tl jahvatatud kurkumit
  ¼ tl jahvatatud kaneeli
  3 supilusikatäit oliiviõli

FRIIKARTULID
  4 keskmist maguskartulit (umbes 2 naela), kooritud ja lõigatud ½ tolli paksusteks viiludeks
  ½ tl purustatud punast pipart
  ½ tl sibulapulbrit
  ½ tl küüslaugupulbrit

Oliiviõli
1 sibul, õhukeselt viilutatud
Paleo Aïoli (küüslaugumajonees) (vt<u>retsept</u>)

1. Kuumuta ahi temperatuurini 300 ° F. Eemaldage lihast rasv. Sega väikeses kausis jahvatatud anchotšiili, jahvatatud köömned, köömned, koriander, kurkum ja kaneel. Puista liha vürtsiseguga; Hõõruge liha sõrmedega ühtlaseks.

2. Kuumuta 5–6-liitrises ahjupotis 1 spl oliiviõli keskmisel-kõrgel kuumusel. Pruunista sealiha kuumas õlis igast küljest. Katke ja röstige umbes 4 tundi või kuni liha on väga pehme ja lihatermomeeter registreerib 190 ° F. Eemaldage Hollandi ahi ahjust. Laske kaane all seista, kuni valmistate friikartuleid ja sibulaid, jättes 1 spl rasva Hollandi ahju.

3. Tõstke ahju temperatuur 400 ° F. Bataadifriikartulite jaoks segage suures kausis bataat, ülejäänud 2 spl oliiviõli, purustatud punane pipar, sibulapulber ja küüslaugupulber; sega katmiseks. Vooderda üks suur või kaks väikest küpsetusplaati alumiiniumfooliumiga; pintselda üle oliiviõliga. Laota bataadid ühe kihina ettevalmistatud ahjuplaatidele. Küpseta umbes 30 minutit või kuni see on pehme, keerates bataati poole küpsetamise ajal ümber.

4. Vahepeal eemaldage liha Hollandi ahjust; Sooja hoidmiseks kata alumiiniumfooliumiga. Nõruta rasv, jättes alles 1 spl rasva. Pange reserveeritud rasv tagasi Hollandi ahju. Lisa sibul; küpseta keskmisel

kuumusel umbes 5 minutit või kuni see on pehmenenud, aeg-ajalt segades.

5. Tõsta sealiha ja sibul serveerimisvaagnale. Kahe kahvli abil lõigake sealiha suurteks tükkideks. Serveeri sealiha ja friikartuleid Paleo Aïoliga.

KUUBA GRILLITUD SEA ABATÜKK

KODUTÖÖ:15 minutit marinaad: 24 tundi grill: 2 tundi 30 minutit puhkust: 10 minutit saagis: 6 kuni 8 portsjonit

PÄRITOLURIIGIS TUNTUD KUI "RÖSTITUD IMETAV SIGA",SEE SEAPRAAD ON MARINEERITUD VÄRSKETE TSITRUSELISTE MAHLADE, VÜRTSIDE, PURUSTATUD PUNASE PIPRA JA TERVE SIBULA HAKITUD KÜÜSLAUGU SEGUS. SÖE PEAL KÜPSETAMINE PÄRAST ÜLEÖÖ MARINAADIS LEOTAMIST ANNAB SELLELE HÄMMASTAVA MAITSE.

1 küüslaugusibul, nelk eraldatud, kooritud ja hakitud

1 tass jämedalt hakitud sibulat

1 tass oliiviõli

1⅓ tassi värsket sidrunimahla

⅔ tassi värsket apelsinimahla

1 spl jahvatatud köömneid

1 spl kuivatatud pune, purustatud

2 tl värskelt jahvatatud musta pipart

1 tl purustatud punast pipart

1 4–5 naela kondita seaprae abatükk

1. Marinaadi jaoks eralda küüslaugupead küünteks. Koori ja tükelda nelk; asetage suurde kaussi. Lisa sibul, oliiviõli, laimimahl, apelsinimahl, köömned, pune, must pipar ja purustatud punane pipar. Sega korralikult läbi ja jäta alles.

2. Kasutades konditustamist nuga, torgake seapraad kogu ulatuses sügavalt läbi. Laske praad ettevaatlikult

marinaadi, uputades seda nii palju kui võimalik vedelikku. Kata kauss tihedalt kilega. Lase 24 tundi külmkapis marineerida, korra keerates.

3. Eemalda sealiha marinaadist. Vala marinaad keskmisesse kastrulisse. Lase keema tõusta; keeda 5 minutit. Eemaldage kuumusest ja laske jahtuda. Kõrvale panema.

4. Söegrilli jaoks asetage söed keskmisele kuumusele tilgapanni ümber. Proovige pannil keskmist kuumust. Asetage liha grillrestile tilkumisaluse kohale. Katke ja grillige 2½ kuni 3 tundi või kuni rösti keskele sisestatud kiirloetav termomeeter registreerib temperatuuri 140 °F. (gaasigrillil eelkuumutage grill. Alandage kuumust keskmisele. Seadke valmis. (Kaudne. Asetage liha grillrestile üle põleti välja lülitatud. Katke ja grillige vastavalt juhistele.) Eemaldage liha grillilt. Kata lõdvalt fooliumiga ja lase 10 minutit puhata enne viilutamist või viskamist.

ITAALIA MAITSESTATUD SEAPRAAD KÖÖGIVILJADEGA

KODUTÖÖ:20 minutit röstimist: 2 tundi 25 minutit puhkust: 10 minutit Saagis: 8 portsjonit

"VÄRSKE ON PARIM" ON HEA MANTRA.MIDA TOIDUVALMISTAMISEL ENAMUSE AJAST JÄRGIDA. KUIVATATUD ÜRDID SOBIVAD AGA VÄGA HÄSTI LIHA MÄÄRIMISEKS. KUI ÜRTE KUIVATATAKSE, KONTSENTREERITAKSE NENDE MAITSED. KUI NAD PUUTUVAD KOKKU LIHAS SISALDUVA NIISKUSEGA, VABASTAVAD NAD SELLESSE OMA MAITSED, NAGU SEE ITAALIAPÄRANE RÖST, MIS ON MAITSESTATUD PETERSELLI, APTEEGITILLI, PUNE, KÜÜSLAUGU JA KUUMALT HAKITUD PUNASE PIPRAGA.

2 spl kuivatatud peterselli, purustatud

2 spl apteegitilli seemneid, purustatud

4 tl kuivatatud pune, purustatud

1 tl värskelt jahvatatud musta pipart

½ tl purustatud punast pipart

4 küüslauguküünt, hakitud

1 4-naeline kondiga sea abatükk

1 kuni 2 supilusikatäit oliiviõli

1¼ tassi vett

2 keskmist sibulat, kooritud ja viiludeks lõigatud

1 suur apteegitilli sibul, kärbitud, puhastatud südamikust ja viiludeks lõigatud

2 naela rooskapsast

1. Kuumuta ahi temperatuurini 325 ° F. Segage väikeses kausis petersell, apteegitilli seemned, pune, must pipar, purustatud punane pipar ja küüslauk; kõrvale panema. Seapraad vajadusel lahti. Lõika lihast rasv. Hõõru liha igast küljest maitseaineseguga. Soovi korral praadige uuesti, et see koos püsiks.

2. Kuumutage Hollandi ahjus õli keskmisel-kõrgel kuumusel. Pruunista liha kuumas õlis igast küljest. Nõruta rasv. Valage prae ümber Hollandi ahju vesi. Rösti kaaneta poolteist tundi. Aseta sibulad ja apteegitill seaprae ümber. Katke ja röstige veel 30 minutit.

3. Vahepeal lõigake rooskapsa varred ja eemaldage närbunud välimised lehed. Lõika rooskapsas pooleks. Lisa rooskapsas Hollandi ahju, asetades need teiste köögiviljade peale. Katke ja röstige veel 30–35 minutit või kuni köögiviljad ja liha on pehmed. Tõsta liha serveerimisvaagnale ja kata fooliumiga. Enne lõikamist laske 15 minutit puhata. Viska köögiviljad katteks pannimahlaga. Tõsta lõhikuga lusikaga köögiviljad serveerimistaldrikule või kaussi; kate soojas hoidmiseks.

4. Eemaldage suure lusikaga pannimahladest rasv. Valage ülejäänud pannimahlad läbi sõela. Viiluta sealiha, eemaldades luu. Serveeri liha köögiviljade ja pannimahlaga.

SLOW COOKER PORK MOLE

KODUTÖÖ:20-minutiline aeglane pliit: 8–10 tundi (madal) või 4–5 tundi (kõrge) Saagis: 8 portsjonit

KÖÖMNETE, KORIANDRI, PUNE, TOMATITE, MANDLITE, ROSINATE, TŠILLI JA ŠOKOLAADIGA,SELLES RIKKALIKUS JA VÜRTSIKAS KASTMES ON HEAS MÕTTES PALJU ASJA. SEE ON IDEAALNE EINE, MIDA ALUSTADA HOMMIKUL ENNE PÄEVA ALUSTAMIST. KOJU JÕUDES ON ÕHTUSÖÖK PEAAEGU VALMIS JA TEIE MAJA LÕHNAB HÄMMASTAVALT.

1 3-naeline kondita seaprae abatükk

1 tass jämedalt hakitud sibulat

3 küüslauguküünt, viilutatud

1½ tassi veiselihapuljongit (vt<u>retsept</u>), Kana kondipuljong (vt<u>retsept</u>) või ilma soolata veise- või kanapuljongit

1 spl jahvatatud köömneid

1 spl jahvatatud koriandrit

2 tl kuivatatud pune, purustatud

1 15-untsine purk ilma soolata kuubikuteks lõigatud tomatid, nõrutatud

1 6 untsi soolalisandita tomatipastat

½ tassi viilutatud mandleid, röstitud (vt<u>kallutada</u>)

¼ tassi väävlita kuldseid rosinaid või sõstraid

2 untsi magustamata šokolaadi (nt 99% Scharffen Bergeri kakaobatoon), jämedalt hakitud

1 kuivatatud chipotle või ancho chile

2 4-tollist kaneelipulka

¼ tassi hakitud värsket koriandrit

1 avokaado, kooritud, seemnetest puhastatud ja õhukesteks viiludeks lõigatud

1 laim, lõigatud viiludeks

⅓ tassi soolamata röstitud rohelisi kõrvitsaseemneid (valikuline) (vtkallutada)

1. Lõika seaprae rasv. Vajadusel lõigake liha nii, et see mahuks 5–6-liitrisesse aeglasesse pliiti; kõrvale panema.

2. Segage aeglases pliidis sibul ja küüslauk. Sega 2-tassises klaasist mõõtetopsis kokku veselihapuljong, köömned, koriander ja pune; kalla potti. Lisa kuubikuteks lõigatud tomatid, tomatipasta, mandlid, rosinad, šokolaad, kuivatatud tšilli ja kaneelipulgad. Aseta liha potti. Vala peale osa tomatisegust. Katke ja küpseta madalal kuumusel 8-10 tundi või kõrgel kuumusel 4-5 tundi või kuni sealiha on pehme.

3. Tõsta sealiha lõikelauale; jahtuda veidi. Lõika liha kahe kahvli abil tükkideks. Kata liha alumiiniumfooliumiga ja varu.

4. Eemaldage ja visake ära kuivatatud tšilli- ja kaneelipulgad. Suure lusikaga koorige tomatisegust rasv. Tõsta tomatisegu blenderisse või köögikombaini. Kata ja blenderda või töötle peaaegu ühtlaseks. Tõsta rebitud sealiha ja kaste tagasi aeglasesse pliiti. Hoia madalal kuumusel soojas kuni serveerimiseni, kuni 2 tundi.

5. Vahetult enne serveerimist lisa koriander. Serveeri mutt kaussidesse ning kaunista avokaadoviilude, laimiviilude ja soovi korral kõrvitsaseemnetega.

SEALIHA JA KÕRVITSAHAUTIS KÖÖMNETEGA

KODUTÖÖ:30 minutit keetmist: 1 tund Saagis: 4 portsjonit

SINEPIROHELISED PIPRA JA SINEPIKÕRVITSAGALISAGE SELLELE IDA-EUROOPA MAITSETEGA MAITSESTATUD HAUTISELE ELAVAT VÄRVI JA HULGALISELT VITAMIINE, AGA KA KIUDAINEID JA FOLAATE.

- 1 1¼ kuni 1½ naela röstitud sea abatükk
- 1 supilusikatäis paprikat
- 1 spl köömneid, peeneks purustatud
- 2 tl kuiva sinepit
- ¼ tl Cayenne'i pipart
- 2 spl rafineeritud kookosõli
- 8 untsi värskeid seeni, õhukeseks viilutatud
- 2 sellerivart, lõigatud risti 1-tollisteks viiludeks
- 1 väike punane sibul, lõigatud õhukesteks viiludeks
- 6 küüslauguküünt, hakitud
- 5 tassi kana kondipuljongit (vt retsept) või ilma soolata kanapuljongit
- 2 tassi kooritud ja kuubikuteks lõigatud suvikõrvitsat
- 3 tassi jämedalt hakitud sinepit või sinepit
- 2 supilusikatäit hakitud värsket salvei
- ¼ tassi värsket sidrunimahla

1. Lõika sealiha rasv. Lõika sealiha 1½-tollisteks kuubikuteks; asetage suurde kaussi. Segage väikeses kausis paprika, köömned, kuiv sinep ja Cayenne'i pipar. Puista sealihale, sega ühtlaselt katteks.

2. Kuumuta 4–5-liitrises potis keskmisel kuumusel kookosõli. Lisa pool lihast; küpseta aeg-ajalt segades pruuniks. Eemaldage liha pannilt. Korrake ülejäänud lihaga. Reserveerige liha.

3. Lisa Hollandi ahju seened, seller, punane sibul ja küüslauk. Keeda 5 minutit, aeg-ajalt segades. Pange liha tagasi Hollandi ahju. Lisa ettevaatlikult kanakondipuljong. Lase keema tõusta; vähendada kuumust. Katke ja keetke madalal kuumusel 45 minutit. Lisa kõrvits. Kata kaanega ja hauta veel 10–15 minutit või kuni sealiha ja squash on pehmed. Lisa sinepiroheline ja salvei. Küpseta 2 kuni 3 minutit või kuni köögiviljad on pehmed. Lisa sidrunimahl.

PUUVILJATÄIDISEGA SELJATÜKK BRÄNDIKASTMEGA

KODUTÖÖ: 30 minutit küpsetamist: 10 minutit röstimist: 1 tund ja 15 minutit puhkust: 15 minutit Saagis: 8 kuni 10 portsjonit

SEE ELEGANTNE RÖST SOBIB SUUREPÄRASELTERILINE SÜNDMUS VÕI PEREKONDLIK KOOSVIIBIMINE, ERITI SÜGISEL. SELLE MAITSED – ÕUNAD, MUSKAATPÄHKEL, KUIVATATUD PUUVILJAD JA KREEKA PÄHKLID – TABAVAD SELLE HOOAJA OLEMUST. SERVEERI JÕHVIKA-BATAADIPÜREE JA RÖSTITUD PEEDIKAPSASALATIGA (VT<u>RETSEPT</u>).

PRAADIMA
- 1 spl oliiviõli
- 2 tassi kooritud ja tükeldatud Granny Smithi õunu (umbes 2 keskmist)
- 1 šalottsibul peeneks hakitud
- 1 spl hakitud värsket tüümiani
- ¾ tl värskelt jahvatatud musta pipart
- ⅛ tl jahvatatud muskaatpähklit
- ½ tassi viilutatud magustamata kuivatatud aprikoose
- ¼ tassi hakitud kreeka pähkleid, röstitud (vt<u>kallutada</u>)
- 1 tass kanalihapuljongit (vt<u>retsept</u>) või ilma soolata kanapuljongit
- 1 3-naeline kondita seapeafilee (ühekordne seljatükk)

BRÄNDIKASTE
- 2 spl õunasiidrit
- 2 supilusikatäit brändit

1 tl Dijoni stiilis sinepit (vt<u>retsept</u>)

värskelt jahvatatud musta pipart

1. Täidise jaoks kuumuta suurel pannil keskmisel kuumusel oliiviõli. Lisa õunad, šalottsibul, tüümian, ¼ teelusikatäit pipart ja muskaatpähkel; küpseta 2–4 minutit või kuni õunad ja šalottsibul on pehmed ja kergelt pruunistatud, aeg-ajalt segades. Lisage aprikoosid, kreeka pähklid ja 1 supilusikatäis puljongit. Küpseta ilma kaaneta 1 minut, et aprikoosid pehmeneksid. Tõsta tulelt ja tõsta kõrvale.

2. Kuumuta ahi temperatuurini 325 ° F. Lõika seaprae poole, tehes prae keskele pikisuunas sisselõige, mis on ½ tolli laiune. Laota praad lahti. Asetage nuga V-kujulisse sisselõiget horisontaalselt V-tähe ühele küljele ja lõigake küljelt ½ tolli kaugusel. Korrake sama V-kuju teisel küljel. Asetage praad välja ja katke kilega. Töötades keskelt servadeni, tambi rösti haamriga, kuni see on umbes ¾-tolline. Eemaldage ja visake plastkile ära. Määri täidis prae peale. Lühikesest küljest alustades keera röst spiraaliks. Praadi koos hoidmiseks siduge 100% puuvillase kööginööriga mitmest kohast kinni. Puista praad ülejäänud ½ tl pipraga.

3. Asetage praad madalale röstimispannile restile. Sisesta ahjutermomeeter prae keskele (mitte täidisesse). Rösti kaaneta 1 tund 15 minutit kuni 1 tund 30 minutit või kuni termomeeter registreerib 145 ° F. Eemaldage praad ja katke lõdvalt fooliumiga; lase enne viilutamist 15 minutit puhata.

4. Vahepeal sega brändikastmeks ülejäänud puljong ja õunasiider pannil oleva rasva hulka, vahustades, et kõik pruunistunud tükid ära kraapida. Kurna rasv keskmisesse kastrulisse. Lase keema tõusta; küpseta umbes 4 minutit või kuni kaste on vähenenud ühe kolmandiku võrra. Lisa brändi ja Dijoni stiilis sinep. Maitsesta maitse järgi täiendava pipraga. Serveeri kaste seapraega.

VERANDA VERANDA RÖST

KODUTÖÖ:15 minutit marineerimist: üleöö seismist: 40 minutit röstimist: 1 tund valmistab: 6 portsjonit

TRADITSIOONILINE ITAALIA PORCHETTA(MÕNIKORD AMEERIKA INGLISE KEELES KIRJUTATAKSE PORKETTA) ON KONDITA IMETAV SIGA, MIS ON TÄIDETUD KÜÜSLAUGU, APTEEGITILLI, PIPRA JA ÜRTIDEGA, NAGU SALVEI VÕI ROSMARIIN, SEEJÄREL ASETATAKSE SÜLJELE JA RÖSTITAKSE PUIDU KOHAL. TAVALISELT ON SEE KA VÄGA SOOLANE. SEE PALEO VERSIOON ON LIHTSUSTATUD JA VÄGA MAITSEV. SOOVI KORRAL ASENDAGE SALVEI VÄRSKE ROSMARIIN VÕI KASUTAGE KAHE ÜRDI SEGU.

1 2-3 naela kondita seapraad

2 supilusikatäit apteegitilli seemneid

1 tl musta pipra tera

½ tl purustatud punast pipart

6 küüslauguküünt, hakitud

1 spl peeneks riivitud apelsinikoort

1 spl hakitud värsket salvei

3 supilusikatäit oliiviõli

½ tassi kuiva valget veini

½ tassi kana kondipuljongit (vt<u>retsept</u>) või ilma soolata kanapuljongit

1. Eemaldage seapraad külmkapist; Lase 30 minutit toatemperatuuril seista. Samal ajal röstige väikesel pannil apteegitilli seemneid keskmisel kuumusel, sageli segades, umbes 3 minutit või kuni need on

tumedat värvi ja lõhnavad; külm. Tõsta puhtasse maitseaineveskisse või kohviveskisse. Lisa pipraterad ja purustatud punane pipar. Jahvata keskmiselt peeneks konsistentsiks. (Ärge jahvatage pulbriks.)

2. Kuumuta ahi temperatuurini 325 ° F. Segage väikeses kausis pasta valmistamiseks jahvatatud vürtsid, küüslauk, apelsinikoor, salvei ja oliiviõli. Aseta seapraad väikesele ahjuplaadile restile. Hõõru seguga kogu sealiha. (Soovi korral asetage maitsestatud sealiha 9 × 13 × 2-tollisse klaasist küpsetusnõusse. Kata plastkilega ja hoia üleöö külmkapis. Enne röstimist tõsta liha röstimispannile. küpseta ja lase enne küpsetamist 30 minutit toatemperatuuril seista. .)

3. Röstige sealiha 1–1,5 tundi või seni, kuni prae keskele sisestatud kiirloetav termomeeter registreerib temperatuuri 145 ° F. Tõstke seapraad lõikelauale ja katke lõdvalt alumiiniumfooliumiga. Enne lõikamist laske 10–15 minutit puhata.

4. Vahepeal valage pannimahlad klaasist mõõtetopsi. Kärbi rasv ülevalt; kõrvale panema. Asetage pann pliidipõletile. Vala pannile vein ja kanakondipuljong. Kuumuta keskmisel-kõrgel kuumusel keemiseni, segades, et ära kraapida kõik pruunistunud tükid. Keeda umbes 4 minutit või kuni segu on veidi vähenenud. Segage reserveeritud pannimahlad; survet. Lõika sealiha viiludeks ja serveeri kastmega.

HAUTATUD SEAFILEE TOMATILLOGA

KODUTÖÖ:40 minutit praadimiseks: 10 minutit küpsetamiseks: 20 minutit praadimiseks: 40 minutit puhkamiseks: 10 minutit: 6 kuni 8 portsjonit

TOMATILLODEL ON KLEEPUV JUUSTUNE KATENENDE PABERNAHKADE ALL. PÄRAST NAHA EEMALDAMIST LOPUTAGE NEID KIIRESTI JOOKSVA VEE ALL JA NEED ON KASUTAMISEKS VALMIS.

1 nael tomatit, kooritud, varred ja loputatud

4 serrano tšillit, varrega, seemnetega ja poolitatud (vtkallutada)

2 jalapeñot, varrega, seemnetega ja poolitatud (vtkallutada)

1 suur kollane paprika, varrega, seemnetega ja poolitatud

1 suur oranž paprika, varred, seemned ja poolitatud

2 supilusikatäit oliiviõli

1 2 kuni 2½ naela kondita seapraad

1 suur kollane sibul, kooritud, poolitatud ja õhukesteks viiludeks

4 küüslauguküünt, hakitud

¾ tassi vett

¼ tassi värsket laimimahla

¼ tassi hakitud värsket koriandrit

1. Kuumuta grill kõrgele kuumusele. Kata küpsetusplaat alumiiniumfooliumiga. Asetage tomatillod, serrano paprikad, jalapeñod ja paprikad ettevalmistatud küpsetusplaadile. Grillige köögivilju 10–15 minutit 10–15 minutit kuumusest 4 tolli kaugusel, kuni need

on hästi söestunud. Asetage serranod, jalapeñod ja tomatillod kaussi. Asetage paprikad taldrikule. Pane köögiviljad kõrvale jahtuma.

2. Kuumuta suurel pannil keskmisel-kõrgel kuumusel õli läikima. Patsutage seapraad puhta paberrätikuga kuivaks ja lisage pannile. Küpseta, kuni see on igast küljest hästi pruunistunud, ühtlaseks pruunistamiseks keerake praad. Tõsta röst vaagnale. Vähenda kuumust keskmisele. Lisage sibul pannile; küpseta ja sega 5–6 minutit või kuni see on kuldne. Lisa küüslauk; küpseta veel 1 minut. Eemaldage pann tulelt.

3. Kuumuta ahi temperatuurini 350 ° F. Tomatillo kastme jaoks sega köögikombainis või blenderis tomatillod, serranod ja jalapeñod. Kata ja blenderda või töötle ühtlaseks; lisa pannil sibulale. Kuumuta pann uuesti. Lase keema tõusta; küpseta 4–5 minutit või kuni segu on tume ja paks. Lisa vesi, sidrunimahl ja koriander.

4. Määri madalale röstimispannile või 3-kvartsele ristkülikukujulisele ahjuvormile tomatikaste. Aseta seapraad kastmesse. Kata tihedalt alumiiniumfooliumiga. Röstige 40–45 minutit või seni, kuni rösti keskele sisestatud kiirloetav termomeeter näitab 140 °F.

5. Lõika paprika ribadeks. Lisa pannile tomatikaste. Hoida lahtiselt alumiiniumfooliumiga; lase 10 minutit puhata. Lõika liha; sega kaste. Serveeri viilutatud sealiha ohtralt tomatikastmega kaetud.

APRIKOOSI TÄIDISEGA SEA SISEFILEE

KODUTÖÖ:20 minutit röstimist: 45 minutit puhkust: 5 minutit Saagis: 2 kuni 3 portsjonit

2 keskmist värsket aprikoosi, jämedalt hakitud
2 spl väävlita rosinaid
2 supilusikatäit hakitud kreeka pähkleid
2 tl riivitud värsket ingverit
¼ tl jahvatatud kardemoni
1 12-unts seafilee
1 spl oliiviõli
1 spl Dijoni stiilis sinepit (vtretsept)
¼ tl musta pipart

1. Kuumuta ahi temperatuurini 375 ° F. Vooderda küpsetusplaat alumiiniumfooliumiga; asetage küpsetusplaadile röstimisrest.

2. Sega väikeses kausis kokku aprikoosid, rosinad, kreeka pähklid, ingver ja kardemon.

3. Lõigake sealiha keskelt pikisuunas sisse, lõigake teisest küljest ½ tolli. Liblikas avamiseks. Aseta sealiha kahe toidukile kihi vahele. Lööge lihavasara lameda küljega kergelt liha, kuni see on ⅓-tolline paks. Ühtlase ristküliku saamiseks keerake saba ots kokku. Suru liha kergelt ühtlaseks, et saada ühtlane paksus.

4. Määri sealihale aprikoosisegu. Alustades kitsast otsast, keera sealiha kokku. Seo 100% puuvillase kööginööriga esmalt keskele, seejärel 1-tolliste vahedega. Asetage praad restile.

5. Sega oliiviõli ja Dijoni stiilis sinep; pintselda röstiga üle. Puista röstile pipraga. Röstige 45–55 minutit või kuni rösti keskele sisestatud kiirloetav termomeeter registreerib temperatuuri 140 °F. Laske 5–10 minutit enne viilutamist puhata.

ÜRDIKOOREGA SEALIHA SISEFILEE KRÕBEDA KÜÜSLAUGUÕLIGA

KODUTÖÖ: 15 minutit röstimist: 30 minutit küpsetamist: 8 minutit puhkust: 5 minutit annab saaki: 6 portsjonit

⅓ tassi Dijoni stiilis sinepit (vt<u>retsept</u>)
¼ tassi hakitud värsket peterselli
2 spl hakitud värsket tüümiani
1 spl hakitud värsket rosmariini
½ tl musta pipart
2 12-untsi sea sisefileed
½ tassi oliiviõli
¼ tassi hakitud värsket küüslauku
¼ kuni 1 tl purustatud punast paprikat

1. Kuumuta ahi temperatuurini 450 ° F. Vooderda küpsetusplaat alumiiniumfooliumiga; asetage küpsetusplaadile röstimisrest.

2. Sega väikeses kausis pasta saamiseks sinep, petersell, tüümian, rosmariin ja must pipar. Määri sinepi-ürdisegu sealiha peale ja külgedele. Tõsta sealiha grillile praadimiseks. Asetage praad ahju; alandage temperatuuri 375 °F-ni. Röstige 30–35 minutit või kuni rösti keskele sisestatud kiirloetav termomeeter registreerib temperatuuri 140 °F. Laske 5–10 minutit enne viilutamist puhata.

3. Vahepeal sega küüslauguõli jaoks väikeses kastrulis oliiviõli ja küüslauk. Küpseta keskmisel-madalal kuumusel 8–10 minutit või kuni küüslauk on kuldne

ja hakkab krõbedaks muutuma (ära lase küüslaugul kõrbeda). Eemaldage kuumusest; lisa purustatud punane paprika. Tükelda sealiha; enne serveerimist nirista viiludele küüslauguõli.

INDIA MAITSESTATUD SEALIHA KOOKOSKASTMEGA

ALGUSEST LÕPUNI: 20 minutiga valmistab: 2 portsjonit

3 tl karripulbrit
2 tl soolamata garam masala
1 tl jahvatatud köömneid
1 tl jahvatatud koriandrit
1 12-unts seafilee
1 spl oliiviõli
½ tassi tavalist kookospiima (nt Nature's Way)
¼ tassi hakitud värsket koriandrit
2 spl värsket hakitud piparmünti

1. Segage väikeses kausis 2 teelusikatäit karripulbrit, garam masalat, köömneid ja koriandrit. Lõika sealiha ½ tolli paksusteks viiludeks; puista peale maitseaineid. .

2. Kuumuta suurel pannil keskmisel kuumusel oliiviõli. Lisage sealiha viilud pannile; küpseta 7 minutit, keerates üks kord. Eemaldage sealiha pannilt; kate soojas hoidmiseks. Kastme jaoks lisage pannile kookospiim ja ülejäänud teelusikatäis karripulbrit, segades, et kõik tükid kokku saaksid. Keeda madalal kuumusel 2–3 minutit. Lisa koriander ja piparmünt. Lisa sealiha; küpseta, kuni see on läbi kuumutatud, valades kastmega sealiha.

SEALIHA SCALOPPINI ÕUNTE JA MAITSESTATUD KASTANITEGA

KODUTÖÖ:20 minutit keetmist: 15 minutit saagis: 4 portsjonit

2 12-untsi sea sisefileed
1 spl sibulapulbrit
1 spl küüslaugupulbrit
½ tl musta pipart
2 kuni 4 supilusikatäit oliiviõli
2 Fuji või Pink Lady õuna, kooritud, puhastatud südamikust ja jämedalt tükeldatud
¼ tassi peeneks hakitud šalottsibulat
¾ tl jahvatatud kaneeli
⅛ tl jahvatatud nelki
⅛ tl jahvatatud muskaatpähklit
½ tassi kana kondipuljongit (vtretsept) või ilma soolata kanapuljongit
2 spl värsket sidrunimahla
½ tassi kooritud, tükeldatud* röstitud kastaneid või hakitud kreeka pähkleid
1 spl hakitud värsket salvei

1. Lõika sisefilee külje pealt ½ tolli paksusteks viiludeks. Asetage sealihaviilud kahe kilelehe vahele. Lõika lihahaamri lameda poolega peeneks. Puista viilud sibulapulbri, küüslaugupulbri ja musta pipraga.

2. Kuumuta suurel pannil keskmisel kuumusel 2 supilusikatäit oliiviõli. Küpseta sealiha partiidena 3–4

minutit, keerake üks kord ja lisage vajadusel õli. Tõsta sealiha taldrikule; katta ja hoida soojas.

3. Suurendage kuumust keskmiselt kõrgele. Lisa õunad, šalottsibul, kaneel, nelk ja muskaatpähkel. Keeda ja sega 3 minutit. Lisa kanakondipuljong ja sidrunimahl. Katke ja küpseta 5 minutit. Eemaldage kuumusest; lisa kastanid ja salvei. Serveeri õunasegu sealiha peale.

*Märkus. Kastanite röstimiseks eelsoojendage ahi temperatuurini 400 ° F. Lõika X kastanikoore ühele küljele. See võimaldab koorel küpsemise ajal lahti tulla. Aseta kastanid küpsetusplaadile ja rösti 30 minutit või kuni koor pähklist eraldub ja pähklid on pehmed. Mähi röstitud kastanid puhta köögirätiku sisse. Koorige kollakasvalge pähkli koored ja nahk.

PRAETUD SEALIHA FAJITAS

KODUTÖÖ:20 minutit küpsetusaeg: 22 minutit saagis: 4 portsjonit

1 nael seafilee, lõigatud 2-tollisteks ribadeks

3 supilusikatäit soolavaba fajita maitseainet või Mehhiko maitseainet (vt<u>retsept</u>)

2 supilusikatäit oliiviõli

1 väike sibul, õhukeselt viilutatud

½ punast paprikat, seemnete ja õhukeste viiludega

½ magusat apelsini paprikat, seemnetest puhastatud ja õhukesteks viiludeks lõigatud

1 jalapeno, varrega ja õhukesteks viiludeks (vt<u>kallutada</u>) (Valikuline)

½ tl köömneid

1 tass õhukeselt viilutatud värskeid seeni

3 spl värsket sidrunimahla

½ tassi ribadeks lõigatud värsket koriandrit

1 avokaado, seemnetest puhastatud, kooritud ja kuubikuteks lõigatud

Soovitud kaste (vt<u>retseptid</u>)

1. Puista sealiha 2 spl fajita maitseainega. Kuumutage eriti suurel pannil 1 spl õli keskmisel-kõrgel kuumusel. Lisa pool sealihast; küpseta ja sega umbes 5 minutit või kuni see ei ole enam roosa. Tõsta liha kaussi ja kata soojas hoidmiseks. Korrake ülejäänud õli ja sealihaga.

2. Keera kuumus keskmisele. Lisa ülejäänud 1 spl fajita maitseainet, sibulat, paprikat, jalapeno ja köömneid.

Küpseta ja sega umbes 10 minutit või kuni köögiviljad on pehmed. Pange kogu liha ja kogunenud mahlad pannile tagasi. Lisa seened ja sidrunimahl. Küpseta kuni täiesti kuumaks. Eemaldage pann tulelt; lisa koriandrit. Serveeri avokaado ja meelepärase kastmega.

SEA SISEFILEE PORTVEINI JA PLOOMIDEGA

KODUTÖÖ:10 minutit röstimist: 12 minutit puhkust: 5 minutit saagist: 4 portsjonit

PORTVEIN ON HELDE VEIN,MIS TÄHENDAB, ET KÄÄRIMISPROTSESSI PEATAMISEKS LISATAKSE BRÄNDILE SARNAST PIIRITUST. SEE TÄHENDAB, ET SEE SISALDAB ROHKEM JÄÄKSUHKRUT KUI PUNANE LAUAVEIN JA JÄRELIKULT MAITSEB MAGUSAM. SEDA EI TAHA IGA PÄEV JUUA, KUID AEG-AJALT SOBIB NATUKE SÜÜA TEHA.

2 12-untsi sea sisefileed

2½ tl jahvatatud koriandrit

¼ tl musta pipart

2 supilusikatäit oliiviõli

1 šalottsibul, viilutatud

½ tassi portveini

½ tassi kana kondipuljongit (vt<u>retsept</u>) või ilma soolata kanapuljongit

20 kivideta kuivatatud ploomi (ploomid)

½ tl purustatud punast pipart

2 tl hakitud värsket estragoni

1. Kuumuta ahi temperatuurini 400 ° F. Puista sealihale 2 tl koriandrit ja musta pipart.

2. Kuumuta suurel ahjukindlal pannil oliiviõli keskmiselkõrgel kuumusel. Lisa pannile sisefilee. Küpseta kuni pruunistumiseni igast küljest, muutudes ühtlaselt pruuniks, umbes 8 minutit. Asetage pann ahju. Grillige kaaneta umbes 12 minutit või seni, kuni

praadide keskele sisestatud kiirloetav termomeeter registreerib temperatuuri 140 °F. Tõsta sisefilee lõikelauale. Kata lõdvalt fooliumiga ja lase 5 minutit puhata.

3. Vahepeal kurna kastme jaoks rasv pannilt, jättes alles 1 spl. Küpseta šalottsibulat reserveeritud rasvas pannil keskmisel kuumusel umbes 3 minutit või kuni see on kuldne ja pehme. Lisa pannile ports. Lase keema tõusta, segades pruunistunud tükid üles kraapima. Lisage kana kondipuljong, ploomid, purustatud punane pipar ja ülejäänud ½ tl koriandrit. Küpseta keskmisel-kõrgel kuumusel, et veidi vähendada, umbes 1 kuni 2 minutit. Lisa estragon.

4. Lõika sealiha viiludeks ning serveeri ploomide ja kastmega.

MOO SHU STIILIS SEALIHATOPSID SALATIL JA KIIRELT MARINEERITUD KÖÖGIVILJAD

ALGUSEST LÕPUNI: 45 minutiga valmistab: 4 portsjonit

KUI OLED SÖÖNUD TRADITSIOONILIST MOO SHU ROOGA HIINA RESTORANIS TEAD, ET SEE ON SOOLANE LIHA- JA KÖÖGIVILJATÄIDIS, MIDA SÜÜAKSE ÕHUKESTE PANNKOOKIDENA KOOS MAGUSA PLOOMI- VÕI HOISIN-KASTMEGA. SEE KERGEM JA VÄRSKEM PALEOVERSIOON SISALDAB SEALIHA, BOK CHOY JA SHIITAKE SEENI, MIS ON PRAETUD INGVERI JA KÜÜSLAUGUGA NING MIDA NAUDITAKSE SALATIMÄHISTEL KOOS KRÕBEDAKS MARINEERITUD KÖÖGIVILJADEGA.

MARINEERITUD KÖÖGIVILJAD
   1 tass julieneeritud porgandit
   1 tass julieneeritud daikon redist
   ¼ tassi hakitud punast sibulat
   1 tass magustamata õunamahla
   ½ tassi siidri äädikat

SIGA
   2 spl oliiviõli või rafineeritud kookosõli
   3 muna, kergelt lahtiklopitud
   8 untsi seafilee, lõigatud 2 × ½-tollisteks ribadeks
   2 tl hakitud värsket ingverit
   4 küüslauguküünt, hakitud
   2 tassi õhukeselt viilutatud napakapsast
   1 tass õhukeselt viilutatud shiitake seeni

¼ tassi õhukeselt viilutatud murulauku

8 Bostoni salatilehte

1. Kiiresti marineeritud köögiviljade jaoks segage suures kausis porgand, daikon ja sibul. Soolvee jaoks kuumuta potis õunamahla ja äädikat, kuni aur tõuseb. Valage kaussi köögiviljadele soolveega; Kata ja jahuta kuni serveerimiseks valmis.

2. Kuumuta suurel pannil 1 spl õli keskmisel-kõrgel kuumusel. Klopi munad vispliga kergelt lahti. Lisa pannile munad; küpseta, segamata, kuni see on põhjale, umbes 3 minutit. Pöörake muna painduva spaatliga ettevaatlikult ümber ja küpsetage teiselt poolt. Võtke muna pannilt välja ja asetage see kaussi.

3. Kuumuta pann uuesti; lisa ülejäänud 1 spl õli. Lisa sealiharibad, ingver ja küüslauk. Küpseta ja sega keskmisel kõrgel kuumusel umbes 4 minutit või kuni sealiha pole enam roosa. Lisa kapsas ja seened; küpseta ja sega umbes 4 minutit või kuni kapsas närbub, seened pehmenevad ja sealiha on läbi küpsenud. Eemaldage pann tulelt. Keedumuna lõika ribadeks. Sega munaribad ja murulauk õrnalt sealihasegusse. Serveeri salatilehtedel ja tõsta peale marineeritud juurvilju.

SEAKARBONAAD MAKADAAMIATE, SALVEI, VIIGIMARJADE JA BATAADIPÜREEGA

KODUTÖÖ:15 minutit keetmist: 25 minutit saagist: 4 portsjonit

KOOS BATAADIPÜREEGA,NEED MAHLASED SALVEIKATTEGA KOTLETID ON IDEAALNE SÜGISENE EINE JA NEED VALMIVAD KIIRESTI, MISTÕTTU ON SEE IDEAALNE TEGUSAKS NÄDALAÕHTUKS.

4 kondita sea seljatükki, 1¼ tolli paksusteks viiludeks

3 supilusikatäit hakitud värsket salvei

¼ tl musta pipart

3 supilusikatäit makadaamiapähkliõli

2 naela maguskartulit, kooritud ja lõigatud 1-tollisteks tükkideks

¾ tassi hakitud makadaamiapähkleid

½ tassi hakitud kuivatatud viigimarju

⅓ tassi veiselihapuljongit (vt retsept) või ilma soolata veiselihapuljongit

1 spl värsket sidrunimahla

1. Puista sealihakotletid mõlemalt poolt 2 spl salvei ja pipraga; hõõruda sõrmedega. Kuumuta suurel pannil keskmisel kuumusel 2 supilusikatäit õli. Lisa karbonaad pannile; küpseta 15–20 minutit või kuni küpsemiseni (145 °F), pöörates poole küpsetamise ajal ümber. Tõsta karbonaad taldrikule; kate soojas hoidmiseks.

2. Samal ajal sega suures kastrulis bataat ja nii palju vett, et see kataks. Lase keema tõusta; vähendada kuumust. Kata kaanega ja hauta 10–15 minutit või kuni kartulid on pehmed. Nõruta kartulid. Lisa ülejäänud supilusikatäis makadaamiaõli kartulitele ja püreesta kreemjaks; soojas hoidmine.

3. Kastme jaoks lisa pannile makadaamiapähklid; küpseta keskmisel kuumusel kuni röstimiseni. Lisa kuivatatud viigimarjad ja ülejäänud supilusikatäis salvei; küpseta 30 sekundit. Lisa pannile veiselihapuljong ja sidrunimahl, segades, et pruunistunud tükid üles kraapida. Vala kaste seakarbonaadile ja serveeri koos bataadipüreega.

PANNIL RÖSTITUD ROSMARIINI-LAVENDLI SEALIHAKOTLETID VIINAMARJADE JA RÖSTITUD KREEKA PÄHKLITEGA

KODUTÖÖ:10 minutit küpsetamist: 6 minutit röstimist: 25 minutit saagist: 4 portsjonit

RÖSTI VIINAMARJAD KOOS SEALIHAGATUGEVDAB SELLE MAITSET JA MAGUSUST. KOOS KRÕMPSUVATE RÖSTITUD KREEKA PÄHKLITE JA NÄPUOTSAKESE VÄRSKE ROSMARIINIGA ON NEED TOEKATELE KARBONAADIDELE SUUREPÄRANE TÄIENDUS.

2 supilusikatäit ribadeks lõigatud värsket rosmariini
1 spl värskelt lõigatud lavendlit
½ tl küüslaugupulbrit
½ tl musta pipart
4 seafilee karbonaad, lõigatud 1¼ tolli paksuseks (umbes 3 naela)
1 spl oliiviõli
1 suur šalottsibul, õhukeselt viilutatud
1½ tassi punaseid ja/või rohelisi seemneteta viinamarju
½ tassi kuiva valget veini
¾ tassi jämedalt hakitud kreeka pähkleid
värskelt lõigatud rosmariin

1. Kuumuta ahi temperatuurini 375 ° F. Segage väikeses kausis 2 supilusikatäit rosmariini, lavendlit, küüslaugupulbrit ja pipart. Hõõru ürdisegu ühtlaselt seakarbonaadi sisse. Kuumuta eriti suurel ahjukindlal

pannil keskmisel kuumusel oliivõli. Lisa karbonaad pannile; küpseta 6 kuni 8 minutit või kuni mõlemalt poolt on pruunistunud. Tõsta karbonaad taldrikule; katta alumiiniumfooliumiga.

2. Lisa pannile šalottsibul. Keeda ja sega keskmisel kuumusel 1 minut. Lisa viinamarjad ja vein. Küpseta veel umbes 2 minutit, segades pruunistunud tükkide eemaldamiseks. Tõsta sealihakotletid tagasi pannile. Asetage pann ahju; grillige 25–30 minutit või kuni karbonaad on valmis (145 °F).

3. Vahepeal laota kreeka pähklid madalale ahjupannile. Lisa karbonaadiga ahju. Grillige umbes 8 minutit või kuni röstimiseni, segades üks kord ühtlaseks röstimiseks.

4. Serveerimiseks pane peale sealiha karbonaad röstitud viinamarjade ja kreeka pähklitega. Puista peale veel värsket rosmariini.

SEALIHAKOTLETID ALLA FIORENTINA RÖSTITUD BROKKOLI RABEGA

KODUTÖÖ:20 minutit grill: 20 minutit marinaadi: 3 minutit saagis: 4 portsjonitFOTO

ALLA FIORENTINASEE TÄHENDAB SISULISELT "FIRENZE STIILIS". SEE RETSEPT ON BISTECCA ALLA FIORENTINA STIILIS, PUUTULEL GRILLITUD TOSCANA RIBEYE, MILLEL ON KÕIGE LIHTSAMAD AROOMID, MILLEKS ON TAVALISELT AINULT OLIIVIÕLI, SOOL, MUST PIPAR JA LÕPETUSEKS NÄPUTÄIS VÄRSKET SIDRUNIT.

1 nael brokkoli rabe

1 spl oliiviõli

4 6-8 untsi kondiga seafilee karbonaad, lõigatud 1,5-2 tolli paksuseks

Jämedalt jahvatatud must pipar

1 sidrun

4 küüslauguküünt, õhukeseks viilutatud

2 supilusikatäit ribadeks lõigatud värsket rosmariini

6 värsket salveilehte, hakitud

1 tl purustatud punase pipra helbeid (või maitse järgi)

½ tassi oliiviõli

1. Blanšeeri brokkoli rabet suures kastrulis keevas vees 1 minut. Viige kohe jäävee kaussi. Kui see on jahtunud, nõruta brokkoli paberrätikuga vooderdatud ahjuplaadil, kuivatades nii palju kui võimalik täiendavate paberrätikutega. Eemaldage paberrätikud küpsetusplaadilt. Nirista brokkoli rabet

1 spl oliiviõliga, viska peale; tõsta kõrvale, kuni olete grillimiseks valmis.

2. Puista sealiha kotlette mõlemale poolele jämedalt jahvatatud pipraga; kõrvale panema. Köögiviljakoorija abil eemalda sidrunilt kooreribad (säilita sidrun muuks kasutuseks). Laota suurele vaagnale sidrunikoore ribad, viilutatud küüslauk, rosmariin, salvei ja purustatud punane pipar; kõrvale panema.

3. Söegrilli puhul tõsta suurem osa süsi grilli ühele küljele, jättes mõned söed resti teise poole alla. Prae karbonaad otse sütel 2–3 minutit või kuni moodustub pruun koorik. Keera karbonaad ümber ja prae teiselt poolt veel 2 minutit. Liiguta kotletid grilli teisele poole. Katke ja grillige 10–15 minutit või kuni küpsemiseni (145 °F). (Gasigrilli puhul eelkuumuta grill; alanda grilli ühel küljel kuumust keskmisele. Küpseta karbonaad kõrgel kuumusel nagu ülal. Liigutage keskmisel kuumusel grilli küljele; jätka nagu ülal).

4. Tõsta karbonaad pannile. Nirista karbonaad ½ tassi oliiviõliga, keerake mõlemalt poolt katteks. Laske karbonaadil enne serveerimist 3–5 minutit marineerida, pöörake seda üks või kaks korda, et liha saaks sidrunikoore, küüslaugu ja ürtide maitsega.

5. Kotletite puhkamise ajal grilli brokkoli rabet, et see oleks kergelt söestunud ja kuum. Laota brokkoli rabe taldrikule koos seakarbonaadiga; Enne serveerimist vala igale karbonaadile ja brokkolile osa marinaadist.

ESCAROLE TÄIDISEGA SEAKARBONAAD

KODUTÖÖ:20 minutit keetmist: 9 minutit Saagis: 4 portsjonit

ESKAROOLI VÕIB SÜÜA ROHELISE SALATINA.VÕI KERGELT PRAETUD KÜÜSLAUGUGA OLIIVIÕLIS KIIREKS KAUNISTAMISEKS. SIIN KOOS OLIIVIÕLI, KÜÜSLAUGU, MUSTA PIPRA, PURUSTATUD PUNASE PIPRA JA SIDRUNIGA SAAB SELLEST KAUNI, ERKROHELISE TÄIDISE MAHLASTEKS PANNIL RÖSTITUD SEALIHAKOTLETTIDE JAOKS.

4 6–8 untsi kondiga sealihakarbonaad, ¾-tollise paksusega viilutatud

½ keskmise peaga endiivia, peeneks hakitud

4 supilusikatäit oliiviõli

1 spl värsket sidrunimahla

¼ tl musta pipart

¼ tl purustatud punast pipart

2 suurt küüslauguküünt, hakitud

Oliiviõli

1 spl hakitud värsket salvei

¼ tl musta pipart

⅓ tassi kuiva valget veini

1. Lõika koorimisnoaga iga seakarbonaadi kõverale küljele sügav, umbes 2 tolli laiune tasku; kõrvale panema.

2. Sega suures kausis eskarool, 2 spl oliiviõli, sidrunimahl, ¼ tl musta pipart, purustatud punane pipar ja küüslauk. Täida iga kotlet veerandi seguga. Pintselda

kotletid oliiviõliga. Puista peale salvei ja ¼ tl jahvatatud musta pipart.

3. Kuumuta eriti suurel pannil ülejäänud 2 supilusikatäit oliiviõli keskmisel-kõrgel kuumusel. Prae sealiha 4 minutit mõlemalt poolt, kuni see on pruunistunud. Tõsta karbonaad taldrikule. Lisa pannile vein, kraapides ära kõik pruunistunud tükid. Vähendage pannimahla 1 minutiks.

4. Enne serveerimist nirista karbonaad üle pannimahlaga.

SUITSUTATUD BEEBIRIBID ÕUNA-SINEPI MOPA KASTMEGA

SUKELDUGE:1 tund puhkust: 15 minutit suitsetamist: 4 tundi keetmist: 20 minutit saaki: 4 portsjonit<u>FOTO</u>

RIKKALIK MAITSE JA LIHANE TEKSTUUR.SUITSURIBIDE PUHUL ON VAJA MIDAGI VÄRSKET JA KRÕMPSUVAT. PEAAEGU IGA SALAT SOBIB, KUID APTEEGITILLI SALAT (VT<u>RETSEPT</u>JA FOTOL<u>SIIN</u>), ON ERITI HEA.

RIBID
- 8 kuni 10 tükki õuna- või pähklipuitu
- 3 kuni 3½ naela beebi selja ribid
- ¼ tassi suitsutatud maitseainet (vt<u>retsept</u>)

DIP
- 1 keskmine keeduõun, kooritud, puhastatud südamikust ja õhukesteks viiludeks
- ¼ tassi hakitud sibulat
- ¼ tassi vett
- ¼ tassi siidri äädikat
- 2 spl Dijoni stiilis sinepit (vt<u>retsept</u>)
- 2 kuni 3 supilusikatäit vett

1. Vähemalt 1 tund enne suitsuküpsetamist leotage puiduhaket piisavalt vees, et see oleks kaetud. Enne kasutamist kurnata. Lõika ribidelt nähtav rasv. Vajadusel eemaldage õhuke membraan ribide tagaküljelt. Asetage ribid suurde madalasse pannile. Puista ühtlaselt üle suitsumaitseainega; hõõruda sõrmedega. Lase 15 minutit toatemperatuuril seista.

2. Asetage suitsuahju eelsoojendatud söed, nõrutatud hakkepuit ja veepann vastavalt tootja juhistele. Vala pannile vesi. Aseta ribid, kondiga pool allapoole, grillile veepanni kohale. (Või asetage ribid ribirestile; asetage ribirest grillile.) Katke ja suitsutage 2 tundi. Säilitage suitsetamisahjus kogu suitsetamise aja temperatuur umbes 225 °F. Temperatuuri ja niiskuse säilitamiseks lisage vajadusel rohkem sütt ja vett.

3. Vahepeal segage mopikastme jaoks väikeses kastrulis õunaviilud, sibul ja ¼ tassi vett. Lase keema tõusta; vähendada kuumust. Hauta kaane all 10–12 minutit või kuni õunaviilud on väga pehmed, aeg-ajalt segades. Lase veidi jahtuda; tõsta nõrutamata õun ja sibul köögikombaini või blenderisse. Kata ja töötle või blenderda ühtlaseks massiks. Tõsta püree kastrulisse tagasi. Lisa äädikas ja Dijoni stiilis sinep. Keeda keskmisel-madalal kuumusel 5 minutit, aeg-ajalt segades. Lisage 2–3 supilusikatäit vett (või rohkem vastavalt vajadusele), et muuta kaste vinegreti konsistentsiks. Jaga kaste kolmandikuks.

4. 2 tunni pärast pintselda ribisid ohtralt kolmandiku mopikastmega. Katke ja suitsutage veel 1 tund. Pintselda uuesti veel kolmandiku mopikastmega. Mähi iga ribitükk raskesse fooliumisse ja aseta ribid tagasi suitsuahju, vajadusel asetades need üksteise peale. Katke ja suitsetage veel 1–1,5 tundi või kuni ribid on pehmed. *

5. Keera ribid lahti ja pintselda ülejäänud kolmandikuga mopikastmest. Serveerimiseks lõika ribid luude vahelt.

*Nõuanne: ribide õrnuse testimiseks eemalda ettevaatlikult ühelt ribiplaadilt foolium. Tõstke ribiplaat tangidega, hoides plaati plaadi ülemisest veerandist. Pöörake ribiplaat ümber, nii et lihane pool jääks allapoole. Kui ribid on õrnad, peaks plaat tõstmisel lagunema. Kui see pole pehme, mähkige see uuesti fooliumisse ja jätkake ribide pehmeks suitsetamist.

KÜPSETATUD BBQ SEARIBID VÄRSKE ANANASSISALATIGA

KODUTÖÖ:20 minutit küpsetamist: 8 minutit küpsetamist: 1 tund 15 minutit saagis: 4 portsjonit

MAALÄHEDASED RIBID ON LIHAKAD,ODAVAD JA ÕIGEL TÖÖTLEMISEL, NÄITEKS KEETMISEL JA AEGLASEL KÜPSETAMISEL ROHKES BBQ-KASTMES, PEHMENEVAD NEED SULAMISTEMPERATUURINI.

2 naela kondita kantristiilis varuribid
¼ tl musta pipart
1 spl rafineeritud kookosõli
½ tassi värsket apelsinimahla
1½ tassi BBQ-kastet (vtretsept)
3 tassi hakitud rohelist ja/või punast kapsast
1 tass riivitud porgandit
2 tassi ananassi peeneks hakitud
⅓ tassi heledat tsitruseliste vinegretti (vtretsept)
BBQ-kaste (vtretsept) (Valikuline)

1. Kuumuta ahi temperatuurini 350 ° F. Puista sealiha pipraga. Kuumuta eriti suurel pannil kookosõli keskmisel-kõrgel kuumusel. Lisa searibid; küpseta 8–10 minutit või kuni pruunistumiseni, ühtlaseks pruunistamiseks keerake. Asetage ribid 3-liitrisesse ristkülikukujulisse ahjuvormi.

2. Kastme jaoks lisa pannile apelsinimahl ja sega, et pruunistunud tükid üles kraapida. Lisa 1½ tassi BBQ-kastet. Vala kaste ribidele. Kastmega katmiseks keera ribid ümber (vajadusel kasuta kondiitripintslit

kastmega ribide peale pintseldamiseks). Kata ahjuvorm tihedalt alumiiniumfooliumiga.

3. Küpseta ribisid 1 tund. Eemalda foolium ja pintselda ahjuvormilt ribid kastmega. Küpseta veel umbes 15 minutit või kuni ribid on pehmed ja kuldpruunid ning kaste on veidi paksenenud.

4. Vahepeal ühenda ananassisalati jaoks kapsas, porgand, ananass ja särav tsitruseline vinegrett. Kata ja hoia serveerimiseni külmkapis.

5. Serveeri ribi koos salati ja soovi korral lisaks BBQ-kastmega.

VÜRTSIKAS SEALIHAHAUTIS

KODUTÖÖ:20 minutit keetmist: 40 minutit saagis: 6 portsjonit

SEDA UNGARI STIILIS HAUTIST SERVEERITAKSEKRÕBEDA, VAEVU NÄRBUNUD KAPSAPEENRAL ÜHEROOGA. KUI TEIL ON KÄEPÄRAST, PURUSTAGE KÖÖMNED UHMRIS JA UHMRIS. KUI EI, SIIS PURUSTAGE NEED KOKANOA LAIEMA KÜLJE ALL, VAJUTADES NUGA ÕRNALT RUSIKAGA ALLA.

GULJAŠŠ
  1½ naela jahvatatud sealiha
  2 tassi hakitud punast, oranži ja/või kollast paprikat
  ¾ tassi peeneks hakitud punast sibulat
  1 väike värske punane tšilli, seemnetest puhastatud ja peeneks hakitud (vt kallutada)
  4 tl suitsumaitseainet (vt retsept)
  1 tl köömneid, purustatud
  ¼ tl jahvatatud majoraani või pune
  1 14-untsine purk, soolata, kuubikuteks lõigatud tomatid, kuivatamata
  2 supilusikatäit punase veini äädikat
  1 spl peeneks riivitud sidrunikoort
  ⅓ tassi hakitud värsket peterselli

KAPSAS
  2 supilusikatäit oliiviõli
  1 keskmine sibul, viilutatud

1 roheline või lilla kapsas, südamikust puhastatud ja õhukesteks viiludeks lõigatud

1. Guljašši jaoks küpseta suures Hollandi ahjus jahvatatud sealiha, paprikat ja sibulat keskmisel-kõrgel kuumusel 8–10 minutit või kuni sealiha pole enam roosa ja köögiviljad on pehmed ja krõbedad, segades puulusikaga. . liha murda. Nõruta rasv. Vähendage kuumust madalaks; lisa punast tšiili, suitsumaitseainet, köömneid ja majoraani. Katke ja küpseta 10 minutit. Lisa nõrutamata tomatid ja äädikas. Lase keema tõusta; vähendada kuumust. Hauta kaane all 20 minutit.

2. Samal ajal kuumuta kapsa jaoks eriti suurel pannil keskmisel kuumusel õli. Lisa sibul ja küpseta, kuni see on pehme, umbes 2 minutit. Lisa kapsas; sega kokku. Vähendage kuumust madalaks. Küpseta umbes 8 minutit või kuni kapsas on pehme, aeg-ajalt segades.

3. Serveerimiseks tõsta taldrikule lusikaga osa kapsasegust. Tõsta peale guljašš ning puista peale sidrunikoor ja petersell.

ITAALIA VORSTILIHAPALL MARINARA
APTEEGITILLIVIILUDE JA PRAETUD SIBULAGA

KODUTÖÖ:30 minutit küpsetamist: 30 minutit küpsetamist: 40 minutit Saagis: 4 kuni 6 portsjonit

SEE RETSEPT ON HARULDANE NÄIDEKONSERVEERITUD TOOTEST, MIS TÖÖTAB SAMA HÄSTI KUI VÄRSKE VERSIOON, KUI MITTE PAREMINI. KUI TEIL POLE JUST VÄGA-VÄGA KÜPSEID TOMATEID, EI SAA TE VÄRSKETE TOMATITEGA KASTMES NII HEAD KONSISTENTSI KUI KONSERVTOMATIGA. LIHTSALT KASUTAGE KINDLASTI TOODET, MILLELE POLE LISATUD SOOLA JA MIS VEELGI PAREM, ORGAANILIST.

PELMEENID
- 2 suurt muna
- ½ tassi mandlijahu
- 8 hakitud küüslauguküünt
- 6 supilusikatäit kuiva valget veini
- 1 supilusikatäis paprikat
- 2 tl musta pipart
- 1 tl apteegitilli seemneid, kergelt purustatud
- 1 tl kuivatatud pune, purustatud
- 1 tl kuivatatud tüümiani, purustatud
- ¼ kuni ½ tl Cayenne'i pipart
- 1½ naela jahvatatud sealiha

MARINARA
- 2 supilusikatäit oliiviõli

2 15-untsi purki ilma soolata purustatud tomateid või üks 28-untsine purk ilma soolata purustatud tomateid

½ tassi hakitud värsket basiilikut

3 keskmist apteegitilli sibulat, poolitatud, südamik ja õhukesteks viiludeks lõigatud

1 suur magus sibul poolitatuna ja õhukesteks viiludeks

1. Kuumuta ahi temperatuurini 375 ° F. Vooderda suur ääristatud küpsetusplaat küpsetuspaberiga; kõrvale panema. Sega suures kausis munad, mandlijahu, 6 hakitud küüslauguküünt, 3 supilusikatäit veini, paprika, 1,5 teelusikatäit musta pipart, apteegitilli seemned, pune, tüümian ja Cayenne'i pipar. Lisa sealiha; sega hästi. Vormi sealihasegust 1½-tollised lihapallid (teil peaks olema umbes 24 lihapalli); asetage ühe kihina ettevalmistatud ahjuplaadile. Küpseta umbes 30 minutit või kuni see on kergelt kuldne, keerates küpsetamise ajal üks kord ümber.

2. Samal ajal kuumuta marinara kastme jaoks 4–6-liitrises Hollandi ahjus 1 spl oliiviõli. Lisa ülejäänud 2 hakitud küüslauguküünt; küpseta umbes 1 minut või kuni hakkab just pruunistuma. Lisa kiiresti ülejäänud 3 supilusikatäit veini, purustatud tomatid ja basiilik. Lase keema tõusta; vähendada kuumust. Hauta kaaneta 5 minutit. Sega keedetud lihapallid ettevaatlikult marinara kastmesse. Katke ja keetke madalal kuumusel 25–30 minutit.

3. Samal ajal kuumuta suurel pannil keskmisel kuumusel ülejäänud 1 spl oliiviõli. Lisa viilutatud apteegitill ja sibul. Küpseta 8–10 minutit või kuni see on pehme ja kergelt pruunistunud, sageli segades. Maitsesta

ülejäänud ½ tl musta pipraga. Serveeri lihapallid ja marinara kaste apteegitilli ja sibulaga praepannil.

SEALIHAGA TÄIDETUD KABATŠOKIPAADID BASIILIKU JA SEEDERMÄNNISEEMNETEGA

KODUTÖÖ:20 minutit küpsetamist: 22 minutit küpsetamist: 20 minutit saagist: 4 portsjonit

LASTELE MEELDIB SEE LÕBUS ROOG. ÕÕNESTATUD SUVIKÕRVITS, TÄIDETUD SEALIHA, TOMATITE JA PAPRIKAGA. SOOVI KORRAL LISA 3 SPL BASIILIKUPESTOT (VT<u>RETSEPT</u>) VÄRSKE BASIILIKU, PETERSELLI JA PIINIASEEMNETE ASEMEL.

2 keskmist suvikõrvitsat
1 spl ekstra neitsioliiviõli
12 untsi jahvatatud sealiha
¾ tassi hakitud sibulat
2 hakitud küüslauguküünt
1 tass hakitud tomateid
⅔ tassi peeneks hakitud kollast või oranži paprikat
1 tl apteegitilli seemneid, kergelt purustatud
½ tl purustatud punase pipra helbeid
¼ tassi hakitud värsket basiilikut
3 supilusikatäit ribadeks lõigatud värsket peterselli
2 spl röstitud seedermänni pähkleid (vt<u>kallutada</u>) ja jämedalt hakitud
1 tl peeneks riivitud sidrunikoort

1. Kuumuta ahi temperatuurini 350 ° F. Lõika suvikõrvits pikuti pooleks ja kraabi keskelt ettevaatlikult alla, jättes nahale ¼-tollise paksuse. Haki suvikõrvitsa

viljaliha jämedalt ja varu. Aseta suvikõrvitsapoolikud, lõikeküljed üleval, fooliumiga kaetud ahjuplaadile.

2. Täidise jaoks kuumuta suurel pannil oliiviõli keskmisel-kõrgel kuumusel. Lisa sealiha; küpseta, kuni see ei ole enam roosa, segades puulusikaga, et liha laguneks. Nõruta rasv. Vähenda kuumust keskmisele. Lisage reserveeritud suvikõrvitsa viljaliha, sibul ja küüslauk; küpseta ja sega umbes 8 minutit või kuni sibul on pehme. Lisa tomatid, paprika, apteegitilli seemned ja purustatud punane paprika. Küpseta umbes 10 minutit või kuni tomatid on pehmed ja hakkavad lagunema. Eemaldage pann tulelt. Lisa basiilik, petersell, piiniapähklid ja sidrunikoor. Jaga täidis suvikõrvitsakoorikute vahel, moodustades väikese künka. Küpseta 20 kuni 25 minutit või kuni suvikõrvitsa nahad on krõbedad ja pehmed.

KARRI SEALIHA ANANASSI NUUDLIKAUSID KOOKOSPIIMA JA ÜRTIDEGA

KODUTÖÖ:30 minutit küpsetamist: 15 minutit küpsetamist: 40 minutit saagist: 4 portsjonitFOTO

1 suur spagetikõrvits
2 spl rafineeritud kookosõli
1 nael jahvatatud sealiha
2 spl peeneks hakitud murulauku
2 spl värsket laimimahla
1 spl hakitud värsket ingverit
6 küüslauguküünt, hakitud
1 spl hakitud sidrunheina
1 spl Tai stiilis ilma soolata punast karrit
1 tass hakitud punast paprikat
1 tass hakitud sibulat
½ tassi julieneeritud porgandit
1 baby bok choy, viilutatud (3 tassi)
1 tass viilutatud värskeid seeni
1-2 Tai linnutšillit õhukesteks viiludeks (vtkallutada)
1 13,5 untsi purki tavalist kookospiima (nt Nature's Way)
½ tassi kana kondipuljongit (vtretsept) või ilma soolata kanapuljongit
¼ tassi värsket ananassimahla
3 supilusikatäit soolata india pähklivõid, millele pole lisatud õli

1 tass kuubikuteks lõigatud värsket ananassi, kuubikuteks

Sidruni viilud

Värske koriander, piparmünt ja/või Tai basiilik

Tükeldatud röstitud India pähklid

1. Kuumuta ahi temperatuurini 400 ° F. Mikrolaineahjus spagettikõrvitsat kõrgel kuumusel 3 minutit. Lõika kõrvits ettevaatlikult pikuti pooleks ja kraabi seemned välja. Hõõru 1 supilusikatäis kookosõli kõrvitsa lõigatud külgedele. Aseta kõrvitsapoolikud, lõikeküljed allapoole, ahjuplaadile. Küpseta 40–50 minutit või kuni kõrvitsa saab noaga kergesti läbi torgata. Kasutades kahvli piid, kraapige viljaliha kestadest ja hoidke soojas kuni serveerimiseni.

2. Vahepeal sega keskmises kausis sealiha, talisibul, laimimahl, ingver, küüslauk, sidrunhein ja karripulber; sega hästi. Kuumutage eriti suurel pannil ülejäänud 1 spl kookosõli keskmisel-kõrgel kuumusel. Lisa sealiha segu; küpseta, kuni see ei ole enam roosa, segades puulusikaga, et liha laguneks. Lisage paprika, sibul ja porgand; küpseta ja sega umbes 3 minutit või kuni köögiviljad on krõbedad ja pehmed. Lisage bok choy, seened, tšilli, kookospiim, kanapuljong, ananassimahl ja india pähklivõi. Lase keema tõusta; vähendada kuumust. Lisa ananass; hauta kaaneta kuni läbikuumenemiseni.

3. Serveerimiseks jaga spagetikõrvits nelja serveerimiskausi vahel. Serveeri sealiha karrit kõrvitsa peale. Serveeri sidruniviilude, ürtide ja india pähklitega.

VÜRTSIKAD GRILLITUD SEALIHAKOTLETID VÜRTSIKA KURGISALATIGA

KODUTÖÖ:30 minutit grillil: 10 minutit puhkust: 10 minutit
Saagis: 4 portsjonit

KRÕBE KURGI SALATVÄRSKE PIPARMÜNDIGA MAITSESTATUD ON SEE VÄRSKENDAV JA VÄRSKENDAV TÄIENDUS VÜRTSIKATELE SEALIHABURGERITELE.

⅓ tassi oliiviõli
¼ tassi hakitud värsket piparmünti
3 supilusikatäit valge veini äädikat
8 hakitud küüslauguküünt
¼ tl musta pipart
2 keskmist kurki, väga õhukeseks viilutatud
1 väike sibul, õhukeselt viilutatud (umbes ½ tassi)
1¼ kuni 1½ naela jahvatatud sealiha
¼ tassi hakitud värsket koriandrit
1 kuni 2 värsket keskmist jalapeño või serrano tšillit, seemnetest (soovi korral) ja peeneks hakitud (vtkallutada)
2 keskmist punast paprikat, seemnetest puhastatud ja neljaks lõigatud
2 tl oliiviõli

1. Segage suures kausis ⅓ tassi oliiviõli, piparmünt, äädikas, 2 hakitud küüslauguküünt ja must pipar. Lisa viilutatud kurgid ja sibul. Sega, kuni see on hästi kaetud. Katke ja jahutage, kuni olete serveerimiseks valmis, segades üks või kaks korda.

2. Sega suures kausis sealiha, koriander, tšilli ja ülejäänud 6 hakitud küüslauguküünt. Vormi neljaks ¾ tolli paksuseks pätsiks. Pintselda paprika neljandikku kergelt 2 tl oliiviõliga.

3. Söe- või gaasigrilli jaoks asetage pätsikesed ja paprikaveerandid otse keskmisele kuumusele. Katke ja röstige, kuni sealihakotlettide külgedele sisestatud kiirloetav termomeeter registreerib temperatuuri 160 °F ning paprikaveerandid on pehmed ja kergelt söestunud, muutes pätsikesed ja pipraveerandid poole röstimise ajal ümber. Jätke kotletite jaoks 10–12 minutit ja paprikaveeranditeks 8–10 minutit.

4. Kui paprikaveerandid on valmis, mähkige need alumiiniumfooliumi tüki sisse, et need täielikult ümbritseda. Laske seista umbes 10 minutit või kuni see on käsitsemiseks piisavalt jahtunud. Terava noa abil eemaldage paprikatelt ettevaatlikult nahk. Lõika pipraveerandid pikuti peeneks.

5. Serveerimiseks viska kurgisalat kokku ja jaota ühtlaselt nelja suure serveerimistaldriku vahel. Lisa igale taldrikule sealihakotlet. Lao punase pipra viilud ühtlaselt pätsikeste peale.

SUVIKÕRVITSA KOOREGA PITSA PÄIKESEKUIVATATUD TOMATI PESTO, PAPRIKA JA ITAALIA VORSTIGA

KODUTÖÖ:30 minutit küpsetamist: 15 minutit küpsetamist: 30 minutit saagist: 4 portsjonit

SEE ON NOA JA KAHVLI PITSA.KINDLASTI SURUGE VORST JA PAPRIKA KERGELT PESTOKATTEGA KOORE SISSE, ET KATTED JÄÄKSID PIISAVALT KOKKU, ET PITSA SAAKS IDEAALSELT LÕIGATA.

2 supilusikatäit oliiviõli
1 spl peeneks jahvatatud mandleid
1 suur muna, kergelt lahti klopitud
½ tassi mandlijahu
1 spl hakitud värsket pune
¼ tl musta pipart
3 küüslauguküünt, hakitud
3½ tassi riivitud suvikõrvitsat (2 keskmist)
Itaalia vorst (vt<u>retsept</u>, allpool)
1 spl ekstra neitsioliiviõli
1 paprika (kollane, punane või poolik), seemnetest puhastatud ja väga õhukesteks ribadeks lõigatud
1 väike sibul, õhukeselt viilutatud
Päikesekuivatatud tomati pesto (vt<u>retsept</u>, allpool)

1. Kuumuta ahi temperatuurini 425 ° F. Pintselda 12-tolline pitsapann 2 spl oliiviõliga. Puista peale jahvatatud mandleid; kõrvale panema.

2. Põhja jaoks sega suures kausis muna, mandlijahu, pune, must pipar ja küüslauk. Aseta riivitud suvikõrvits puhtale rätikule või marlitükile. mähkida hästi

SUITSUTATUD LAMBAKOIBA SIDRUNI JA KORIANDRIGA GRILLITUD SPARGLIGA

SUKELDUGE:30 minutit ettevalmistamiseks: 20 minutit grillimiseks: 45 minutit puhkamiseks: 10 minutit Saagis: 6 kuni 8 portsjonit

SEE ROOG ON LIHTNE, KUID ELEGANTNEKAKS KOOSTISOSA, MIS ÄRKAVAD ELLU KEVADEL: LAMBALIHA JA SPARGEL. KORIANDRI SEEMNETE RÖSTIMINE SUURENDAB SOOJA, MAALÄHEDAST JA KERGELT HAPUKAT MAITSET.

1 tass hikkori puiduhakke

2 spl koriandri seemneid

2 spl peeneks riivitud sidrunikoort

1½ tl musta pipart

2 spl hakitud värsket tüümiani

1 kondita lambajalg, 2–3 naela

2 kimp värsket sparglit

1 spl oliiviõli

¼ tl musta pipart

1 sidrun neljandikku lõigatud

1. Leota kausis kreeka pähklihelbeid vähemalt 30 minutit enne suitsutamist, et need oleksid kaetud; kõrvale panema. Samal ajal röstige väikesel pannil koriandriseemneid keskmisel kuumusel umbes 2 minutit või kuni need on lõhnavad ja krõbedad, segades sageli. Eemaldage pannilt seemned; lase jahtuda. Kui seemned on jahtunud, purusta need uhmris (või aseta seemned lõikelauale ja purusta

puulusika seljaga). Sega väikeses kausis kokku purustatud koriandriseemned, sidrunikoor, 1½ tl pimenti ja tüümian; kõrvale panema.

2. Eemaldage lambapraelt võrk, kui see on olemas. Avage praad tööpinnal, rasvane pool allpool. Puista pool vürtsisegust lihale; hõõruda sõrmedega. Rullige praad kokku ja siduge nelja kuni kuue 100% puuvillase kööginööriga. Puista ülejäänud vürtsisegu rösti välisküljele, vajutades kergelt kinni.

3. Söegrilli jaoks asetage söed keskmisele kuumusele tilgapanni ümber. Proovige pannil keskmist kuumust. Puista söe peale nõrutatud puiduhake. Asetage lambapraad tilgaaluse kohale restile. Katke ja suitsutage 40–50 minutit keskmisel kuumusel (145 °F). (Gaasigrilli puhul eelsoojendage grill. Alandage kuumust keskmisele. Seadke kaudseks küpsetamiseks. Suitsutage nagu ülal, välja arvatud juhul, kui lisage kuivatatud puiduhake vastavalt tootja juhistele.) Kata praad lõdvalt alumiiniumfooliumiga. Enne lõikamist laske 10 minutit puhata.

4. Vahepeal lõika spargli puitunud tipud ära. Sega suures kausis spargel oliiviõli ja ¼ tl pipraga. Aseta spargel ümber grilli välisservade, otse söe kohale ja risti grillrestiga. Katke ja grillige 5–6 minutit, kuni see on krõbe. Pigista sparglile sidruniviilud.

5. Eemalda lambapraedelt nöör ja lõika liha õhukesteks viiludeks. Serveeri liha grillitud spargliga.

LAMBA KUUM POTT

KODUTÖÖ:30 minutit keetmist: 2 tundi 40 minutit Saagis: 4 portsjonit

SOOJENDAGE SELLE MAITSVA HAUTISEGASÜGIS- VÕI TALVEÖÖL. HAUTIST SERVEERITAKSE DIJONI STIILIS SINEPI, INDIA PÄHKLI KREEMI JA MURULAUGUGA MAITSESTATUD SAMETISE PÜREE PEAL SELLERIJUUREST JA PASTINAAGIST. MÄRKUS. SELLERIJUURT NIMETATAKSE MÕNIKORD SELLERIKS.

- 10 tera musta pipart
- 6 salvei lehte
- 3 tervet vürtspipart
- 2 2-tollist apelsinikoore riba
- 2 naela kondita lamba abatükk
- 3 supilusikatäit oliiviõli
- 2 keskmist sibulat, jämedalt hakitud
- 1 14,5-untsine purk, soolata, kuubikuteks lõigatud tomatid, kuivatamata
- 1½ tassi veiselihapuljongit (vt retsept) või ilma soolata veiselihapuljongit
- ¾ tassi kuiva valget veini
- 3 suurt küüslauguküünt, purustatud ja kooritud
- 2 naela sellerijuurt, kooritud ja lõigatud 1-tollisteks kuubikuteks
- 6 keskmist pastinaaki, kooritud ja lõigatud 1-tollisteks viiludeks (umbes 2 naela)
- 2 supilusikatäit oliiviõli

2 spl india pähkli koort (vt<u>retsept</u>)

1 spl Dijoni stiilis sinepit (vt<u>retsept</u>)

¼ tassi viilutatud murulauku

1. Kimp garni jaoks lõigake 7-tolline ruut marli. Asetage pipraterad, salvei, pipar ja apelsinikoor marli keskele. Tõsta marli nurgad üles ja seo puhta 100% puuvillase kööginööriga tugevasti kinni. Kõrvale panema.

2. Kärbi rasva lamba abalt; lõika lambaliha 1-tollisteks tükkideks. Kuumuta Hollandi ahjus 3 supilusikatäit oliiviõli keskmisel kuumusel. Küpseta lambaliha, vajadusel partiidena, kuumas õlis pruuniks; Eemalda pannilt ja hoia soojas. Lisage pannile sibul; küpseta 5 kuni 8 minutit või kuni see on pehmenenud ja kergelt pruunistunud. Lisage garnibukett, nõrutamata tomatid, 1¼ tassi veiselihapuljongit, vein ja küüslauk. Lase keema tõusta; vähendada kuumust. Hauta kaane all 2 tundi, aeg-ajalt segades. Eemaldage ja visake kimp garni.

3. Vahepeal püreestamiseks pane suurde kastrulisse juurseller ja pastinaak; katta veega. Kuumuta keskmisel-kõrgel kuumusel keemiseni; alandage kuumust madalaks. Kata kaanega ja hauta 30–40 minutit või kuni köögiviljad on kahvliga läbitorkamisel väga pehmed. Tühjendama; aseta köögiviljad köögikombaini. Lisa ülejäänud ¼ tassi veiselihapuljong ja 2 spl õli; Pulseerige, kuni püree on peaaegu ühtlane, kuid sellel on siiski teatud tekstuur, peatudes üks või kaks korda, et külgi maha kraapida. Tõsta püree kaussi. Lisa india pähklikreem, sinep ja murulauk.

4. Serveerimiseks jaga püree nelja kausi vahel; kata Lamb Hot Pot'iga.

HAUTATUD LAMBALIHA JUURSELLERI NUUDLITEGA

KODUTÖÖ:30-minutiline küpsetus: 1 tund 30 minutit Saagis: 6 portsjonit

SELLERIJUUR OMANDAB HOOPIS TEISTSUGUSE ILME.NII SELLES HAUTIS KUI KUUMAS LAMBALIHAPOTIS (VT<u>RETSEPT</u>). MANDOLIINI VIILUTAJAT KASUTATAKSE MAGUSA PÄHKLIMAITSELISE JUURE VÄGA ÕHUKESTE RIBADE LOOMISEKS. "NUUDLID" HAUTUVAD HAUTISES PEHMEKS.

- 2 tl sidrunimaitseainet (vt<u>retsept</u>)
- 1½ naela lambaliha hautis, lõigatud 1-tollisteks kuubikuteks
- 2 supilusikatäit oliiviõli
- 2 tassi hakitud sibulat
- 1 tass hakitud porgandit
- 1 tass tükeldatud kaalikat
- 1 supilusikatäis hakitud küüslauku (6 nelki)
- 2 supilusikatäit ilma soolata tomatipasta
- ½ tassi kuiva punast veini
- 4 tassi veiselihapuljongit (vt<u>retsept</u>) või ilma soolata veiselihapuljongit
- 1 loorberileht
- 2 tassi 1-tollist kuubikuteks lõigatud kõrvitsat
- 1 tass kuubikuteks lõigatud baklažaani
- 1 kilo sellerijuurt, kooritud
- hakitud värske petersell

1. Kuumuta ahi temperatuurini 250 ° F. Puista lambalihale ühtlaselt sidruniürdimaitseainet. Katmiseks segage õrnalt. Kuumutage 6–8-liitrist Hollandi ahju keskmisel-kõrgel kuumusel. Lisa 1 spl oliiviõli ja pool maitsestatud lambalihast Hollandi ahju. Pruunista liha kuumas õlis igast küljest; Tõsta pruunistatud liha taldrikule ning korda ülejäänud lambaliha ja oliiviõliga. Vähenda kuumust keskmisele.

2. Lisa potti sibul, porgand ja kaalikas. Küpseta ja segage köögivilju 4 minutit; lisa küüslauk ja tomatipasta ning küpseta veel 1 minut. Lisage punane vein, veiselihapuljong, loorberileht ja liha ning potti kogunenud mahlad. Lase segu keema tõusta. Katke ja asetage Hollandi ahi eelsoojendatud ahju. Küpseta 1 tund. Lisa kõrvits ja baklažaan. Tõsta tagasi ahju ja küpseta veel 30 minutit.

3. Kui hautis on ahjus, viilutage mandoliiniga sellerijuur väga õhukeseks. Lõika juurselleri viilud ½ tolli laiusteks ribadeks. (Teil peaks olema umbes 4 tassi.) Sega hautisse juurselleri ribad. Hauta umbes 10 minutit või kuni pehme. Enne hautise serveerimist eemaldage ja visake loorberileht ära. Puista iga portsjon peale hakitud peterselli.

LAMBALIHAKOTLETID VÜRTSIKA GRANAATÕUNAKASTME JA DATLITEGA

KODUTÖÖ:10 minutit küpsetamist: 18 minutit jahtumist: 10 minutit Saagis: 4 portsjonit

MÕISTE "PRANTSUSE" VIITAB RIBILEMILLEST ON TERAVA KÖÖGINOAGA EEMALDATUD RASV, LIHA JA SIDEKUDE. SEE ON ATRAKTIIVNE ESITLUS. PALUGE OMA LIHUNIKUL SEDA TEHA VÕI SAATE SEDA ISE TEHA.

CHUTNEY
  ½ tassi magustamata granaatõunamahla
  1 spl värsket sidrunimahla
  1 šalottsibul, kooritud ja õhukesteks rõngasteks viilutatud
  1 tl peeneks riivitud apelsinikoort
  ⅓ tassi hakitud Medjooli datleid
  ¼ tl purustatud punast pipart
  ¼ tassi granaatõunaarilli*
  1 spl oliiviõli
  1 spl hakitud värsket itaalia (lamedalehelist) peterselli

LAMBAKARREE
  2 supilusikatäit oliiviõli
  8 Prantsuse stiilis riiul lambakotlette

1. Kuuma kastme jaoks sega väikeses pannil granaatõunamahl, sidrunimahl ja šalottsibul. Lase keema tõusta; vähendada kuumust. Hauta kaaneta 2 minutit. Lisa apelsinikoor, datlid ja purustatud

punane pipar. Lase jahtuda, umbes 10 minutit. Lisage granaatõunaarillid, 1 supilusikatäis oliiviõli ja petersell. Lase serveerimiseni toatemperatuuril seista.

2. Kotletite jaoks kuumuta suurel pannil keskmisel kuumusel 2 spl oliiviõli. Partiidena töötades lisage pannile karbonaadid ja küpsetage 6–8 minutit keskmisel kuumusel (145 °F), pöörates üks kord ümber. Kata kotletid kuuma kastmega.

*Märkus: Värsked granaatõunad ja nende arilid ehk seemned on saadaval oktoobrist veebruarini. Kui te neid ei leia, kasutage chutneyle krõmpsu lisamiseks magustamata kuivatatud seemneid.

CHIMICHURRI LAMBAFILEE KOTLETID PRAETUD RADICCHIO KAPSAGA

KODUTÖÖ:30 minutit marineerimist: 20 minutit keetmist: 20 minutit saaki: 4 portsjonit

ARGENTINAS ON CHIMICHURRI KÕIGE POPULAARSEM MAITSEAINE.KAASAS SELLE RIIGI TUNTUD GAUCHO-STIILIS GRILLPRAAD. VARIATSIOONE ON PALJU, KUID PAKS ÜRDIKASTE VALMISTATAKSE TAVALISELT PETERSELLI, KORIANDRI VÕI PUNE, ŠALOTTSIBULA JA/VÕI KÜÜSLAUGU, PURUSTATUD PUNASE PIPRA, OLIIVIÕLI JA PUNASE VEINI ÄÄDIKA ABIL. SEE SOBIB SUUREPÄRASELT GRILLITUD STEIGIGA, KUID SAMA HIILGAV KA GRILLITUD VÕI PANNIL RÖSTITUD LAMBA-, KANA- JA SEALIHAKARBONAADIL.

8 lamba seljatükki, lõigatud 1 tolli paksuseks

½ tassi chimichurri kastet (vt retsept)

2 supilusikatäit oliiviõli

1 magus sibul, poolitatud ja viilutatud

1 tl purustatud köömneid*

1 hakitud küüslauguküüs

1 pea radicchio, puhastada südamikust ja lõigata õhukesteks ribadeks

1 spl palsamiäädikat

1. Asetage lambaliha kotletid eriti suurde kaussi. Nirista peale 2 spl chimichurri kastet. Hõõruge sõrmede abil kastmega iga karbonaadi kogu pind. Lase karbonaadil 20 minutit toatemperatuuril marineerida.

2. Samal ajal kuumutage praetud Radicchio salati jaoks eriti suurel pannil 1 spl oliiviõli. Lisa sibul, köömned ja küüslauk; küpseta 6–7 minutit või kuni sibul pehmeneb, segades sageli. Lisa radicchio; küpseta 1 kuni 2 minutit või kuni radicchio on kergelt närbunud. Tõsta salat suurde kaussi. Lisa palsamiäädikas ja sega ühtlaseks. Kata ja hoia soojas.

3. Puhastage pann. Lisa pannile ülejäänud 1 supilusikatäis oliiviõli ja kuumuta keskmisel-kõrgel kuumusel. Lisa lambaliha; vähenda kuumust keskmisele tasemele. Küpseta 9–11 minutit või kuni soovitud küpsuseni, keerates karbonaad aeg-ajalt tangidega.

4. Serveeri karbonaad koos salati ja ülejäänud chimichurri kastmega.

*Märkus: vürtsköömnete purustamiseks kasuta uhmri ja nuia või aseta seemned lõikelauale ja purusta kokanoaga.

ANCHO JA SALVEI MÄÄRITUD LAMBALIHAKOTLETID PORGANDI JA MAGUSKARTULI REMULAADIGA

KODUTÖÖ:12 minutit külmas: 1 kuni 2 tundi grillimist: 6 minutit valmistab: 4 portsjonit

LAMBAKOTLETTE ON KOLME TÜÜPI.PAKSUD, LIHAKAD SELJAKOTLETID NÄEVAD VÄLJA NAGU VÄIKESED RIBEYES. RIBIKOTLETID, MIDA SIIN NIMETATAKSE, SAADAKSE LAMBALIHA LUUDE VAHELT LÕIKAMISE TEEL. NAD ON VÄGA ÕRNAD JA NENDE KÜLJEL ON ATRAKTIIVNE PIKK LUU. SAGELI SERVEERITAKSE NEID GRILLITULT VÕI GRILLITULT. ODAVAD ABAKOTLETID ON PISUT RASVASEMAD JA VÄHEM ÕRNAD KUI TEISED KAKS TÜÜPI. PARIM ON NEID PRUUNISTADA JA SEEJÄREL VEINIS, PULJONGIS JA TOMATITES VÕI NENDE KOMBINATSIOONIS HAUTADA.

- 3 keskmist porgandit, jämedalt riivitud
- 2 väikest maguskartulit, julieneeritud* või jämedalt riivituna
- ½ tassi Paleo Mayo (vt<u>retsept</u>)
- 2 spl värsket sidrunimahla
- 2 tl Dijoni stiilis sinepit (vt<u>retsept</u>)
- 2 spl hakitud värsket peterselli
- ½ tl musta pipart
- 8 riiul lambalihakotlette, viilutatud ½ kuni ¾ tolli paksuseks
- 2 spl hakitud värsket salvei või 2 tl kuivatatud salvei, purustatud

2 tl jahvatatud anchotšiili

½ tl küüslaugupulbrit

1. Remulaadi jaoks sega keskmises kausis porgand ja bataat. Sega väikeses kausis kokku Paleo Mayo, sidrunimahl, Dijoni stiilis sinep, petersell ja must pipar. Vala peale porgand ja bataat; sega katmiseks. Katke ja jahutage 1 kuni 2 tundi.

2. Samal ajal sega väikeses kausis kokku salvei, ancho chili ja küüslaugupulber. Hõõru vürtsiseguga lambakotletid.

3. Söe- või gaasigrilli jaoks asetage lambaliha grillile otse keskmisel kuumusel. Kata kaanega ja grilli 6–8 minutit keskmise (145 °F) või 10–12 minutit keskmise (150 °F) puhul, keerates üks kord poole grillimise ajal ümber.

4. Serveeri lambalihakotlette koos remulaadiga.

*Märkus: bataadi viilutamiseks kasutage julienne kinnitusega mandoliini.

AIAST TÄIDETUD LAMBALIHABURGERID PUNASE PIPRAGA

KODUTÖÖ:20 minutit puhkust: 15 minutit grilli: 27 minutit
saagis: 4 portsjonit

COULIS POLE MIDAGI MUUD KUI LIHTNE JA ÜHTLANE KASTE.VALMISTATUD PUU- VÕI KÖÖGIVILJAPÜREEGA. NENDE LAMBALIHABURGERITE SÄRAV JA KAUNIS PUNASE PIPRA KASTE SAAB TOPELTANNUSE SUITSU: GRILLILT JA SUITSUPAPRIKA AMPSUST.

PUNASE PIPRA COULIS
1 suur punane paprika
1 spl kuiva valget veini või valge veini äädikat
1 tl oliiviõli
½ tl suitsutatud paprikat

BURGERID
¼ tassi väävlita päikesekuivatatud tomateid, lõigatud ribadeks
¼ tassi riivitud suvikõrvitsat
1 spl hakitud värsket basiilikut
2 tl oliiviõli
½ tl musta pipart
1½ naela jahvatatud lambaliha
1 munavalge, kergelt vahustatud
1 spl Vahemere maitseainet (vt retsept)

1. Punase paprika jaoks asetage punane pipar otse keskmisel kuumusel grillile. Kata kaanega ja grilli 15–20 minutit või kuni see on söestunud ja väga pehme,

keerates pipart iga 5 minuti järel, et mõlemalt poolt kõrbeda. Eemaldage grillilt ja asetage pipar täielikult paberkotti või alumiiniumfooliumi. Laske seista 15 minutit või kuni see on käsitsemiseks piisavalt jahtunud. Terava noaga eemaldage nahk ettevaatlikult ja visake ära. Lõika paprika pikuti neljaks ja eemalda varred, seemned ja membraanid. Sega köögikombainis röstitud paprika, vein, oliiviõli ja suitsupaprika. Kata ja töötle või blenderda ühtlaseks massiks.

2. Vahepeal aseta täidise jaoks päikesekuivatatud tomatid väikesesse kaussi ja kata keeva veega. Laske seista 5 minutit; tühjendama. Patsuta tomatid ja riivitud suvikõrvits paberrätikutega kuivaks. Segage väikeses kausis tomatid, suvikõrvits, basiilik, oliiviõli ja ¼ tl musta pipart; kõrvale panema.

3. Segage suures kausis jahvatatud lambaliha, munavalge, ülejäänud ¼ tl musta pipart ja Vahemere maitseained; sega hästi. Jagage lihasegu kaheksaks võrdseks osaks ja vormige igaüks ¼ tolli paksuseks pätsiks. Vala täidis neljale pätsile; kata peale ülejäänud pätsikesed, pigista servad kokku, et täidis oleks suletav.

4. Asetage burgerid grillile otse keskmisel kuumusel. Katke ja grillige 12–14 minutit või kuni valmis (160 °F), pöörates üks kord poole grillimise ajal ümber.

5. Serveerimiseks pane peale burgerid punase pipraga.

LAMBALIHAVARDAD TOPELT PUNE JA TZATZIKI KASTMEGA

SUKELDUGE: 30 minutit valmistamiseks: 20 minutit jahtumiseks: 30 minutit grillimiseks: 8 minutit Saagis: 4 portsjonit

NEED LAMBAVARDAD ON SISULISELT VAHEMEREL JA LÄHIS-IDAS TUNTAKSE KOFTA: MAITSESTATUD JAHVATATUD LIHAST (TAVALISELT LAMBA- VÕI VEISELIHAST) VORMITAKSE PALLIKESED VÕI VARDAS ÜMBER JA SEEJÄREL GRILLITAKSE. VÄRSKE JA KUIVATATUD PUNE ANNAVAD NEILE SUUREPÄRASE KREEKA MAITSE.

8 10-tollist puidust varrast

LAMBALIHAVARDAD

- 1½ naela lahja jahvatatud lambaliha
- 1 väike sibul riivitud ja kuivaks pressitud
- 1 spl hakitud värsket pune
- 2 tl kuivatatud pune, purustatud
- 1 tl musta pipart

TZATZIKI KASTE

- 1 tass Paleo Mayo (vt retsept)
- ½ suurest kurgist, seemnetest puhastatud, purustatud ja kuivaks pressitud
- 2 spl värsket sidrunimahla
- 1 hakitud küüslauguküüs

1. Leota vardaid 30 minutiks piisavas koguses vees, et need oleksid kaetud.

2. Lambavarraste jaoks sega suures kausis jahvatatud lambaliha, sibul, värske ja kuivatatud pune ning pipar; sega hästi. Jaga lambasegu kaheksaks võrdseks osaks. Kujundage iga osa varda keskelt, luues 5 × 1-tollise palgi. Katke ja jahutage vähemalt 30 minutit.

3. Samal ajal segage Tzatziki kastme jaoks väikeses kausis Paleo Mayo, kurk, sidrunimahl ja küüslauk. Kata ja jahuta kuni serveerimiseni.

4. Söe- või gaasigrilli jaoks asetage lambalihavardad grillile otse keskmisel kuumusel. Kata kaanega ja grilli umbes 8 minutit keskmisel kuumusel (160°F), keerates üks kord poole grillimise ajal ümber.

5. Serveeri lambalihavardad Tzatziki kastmega.

RÖSTITUD KANA SAFRANI JA SIDRUNIGA

KODUTÖÖ:15 minutit jahutamist: 8 tundi röstimist: 1 tund 15 minutit puhkust: 10 minutit saagist: 4 portsjonit

SAFRAN ON KUIVATATUD TOLMUKADTEATUD TÜÜPI KROOKUSLILLEDEST. SEE ON KALLIS, KUID NATUKE LÄHEB ASJAKS. SEE LISAB SELLELE KRÕBEDA NAHAGA PRAEKANALE OMAPÄRASE MAALÄHEDASE MAITSE JA KAUNI KOLLASE TOONI.

1 terve kana, 4 kuni 5 naela
3 supilusikatäit oliiviõli
6 küüslauguküünt, purustatud ja kooritud
1½ supilusikatäit peeneks riivitud sidrunikoort
1 spl värsket tüümiani
1½ tl jahvatatud musta pipart
½ tl safrani niite
2 loorberilehte
1 sidrun neljandikku lõigatud

1. Eemaldage kana kael ja sisemus; visake ära või säilitage muuks kasutamiseks. Loputage kana kehaõõnsust; kuivatage paberrätikutega. Lõika kanalt üleliigne nahk või rasv.

2. Sega köögikombainis oliiviõli, küüslauk, sidrunikoor, tüümian, pipar ja safran. Töötle ühtlase pasta moodustamiseks.

3. Hõõruge pastaga sõrmedega üle kana välispinna ja sisemise õõnsuse. Tõsta kana suurde kaussi; kata ja hoia vähemalt 8 tundi või üleöö külmkapis.

4. Kuumuta ahi temperatuurini 425 ° F. Asetage sidruniveerandid ja loorberilehed kanaõõnde. Seo jalad 100% puuvillase kööginööriga. Tõsta tiivad kana alla. Pista ahjulihatermomeeter reielihase sisemusse ilma luud puudutamata. Aseta kana restile suurde ahjuvormi.

5. Grilli 15 minutit. Alandage ahju temperatuuri 375 °F-ni. Röstige veel umbes 1 tund või kuni mahl on selge ja termomeeter näitab 175 °F. Telgi kana fooliumiga. Enne lõikamist laske 10 minutit puhata.

SPATCHCOCKED KANA JICAMA SALATIGA

KODUTÖÖ:40 minutit grill: 1 tund 5 minutit puhkust: 10 minutit saagis: 4 portsjonit

"SPATCHCOCK" ON VANA TOIDUVALMISTAMISE TERMINMIDA ON HILJUTI TAASKASUTATUD, ET KIRJELDADA PROTSESSI, KUIDAS VÄIKE LIND, NÄITEKS KANA VÕI CORNISH KANA, SELJA TAGANT POOLITADA NING SEEJÄREL AVADA JA LAMEDAKS TEHA NAGU RAAMAT, ET SEE KIIREMINI JA ÜHTLASEMALT KÜPSETAKS. SEE SARNANEB LIBLIKATE LENNUGA, KUID VIITAB AINULT KODULINDUDELE.

KANA
1 poblano tšiili
1 spl peeneks hakitud šalottsibul
3 küüslauguküünt, hakitud
1 tl peeneks riivitud sidrunikoort
1 tl peeneks riivitud laimikoort
1 tl suitsumaitseainet (vt<u>retsept</u>)
½ tl kuivatatud pune, purustatud
½ tl jahvatatud köömneid
1 spl oliiviõli
1 terve kana, 3 kuni 3½ naela

KAPSA SALAT
½ keskmist jicama, kooritud ja julieneeritud (umbes 3 tassi)
½ tassi õhukeselt viilutatud murulauku (4)

1 Granny Smithi õun, kooritud, puhastatud südamikust ja julieneeritud
⅓ tassi hakitud värsket koriandrit
3 supilusikatäit värsket apelsinimahla
3 supilusikatäit oliiviõli
1 tl sidrunimaitseainet (vt<u>retsept</u>)

1. Söegrilli jaoks aseta grilli ühele küljele keskmiselt kuumad söed. Asetage tilkumisalus riiuli tühja külje alla. Asetage poblano grillrestile otse keskmise söe kohale. Katke ja grillige 15 minutit või kuni poblano on igast küljest söestunud, aeg-ajalt keerates. Mähi poblano kohe alumiiniumfooliumi; lase 10 minutit puhata. Ava foolium ja lõika poblano pikuti pooleks; eemaldage varred ja seemned (vt<u>kallutada</u>). Terava noaga eemaldage nahk õrnalt ja visake ära. Haki poblano peeneks. (Gaasigrilli puhul eelsoojendage grill; vähendage kuumust keskmisele tasemele. Seadke kaudseks küpsetamiseks. Grillige ülaltoodud viisil süttinud põleti kohal.)

2. Kastme jaoks sega väikeses kausis poblano, šalottsibul, küüslauk, sidrunikoor, laimikoor, suitsumaitseaine, pune ja köömned. Lisada õli; segage hästi pasta saamiseks.

3. Kana laiali laotamiseks eemalda kael ja sisikond (säilita muuks kasutamiseks). Aseta kana, rinnaga pool allapoole, lõikelauale. Kasutage köögikääre, et teha pikisuunas lõige selgroo ühele küljele, alustades kaela otsast. Korrake pikisuunalist lõiget selgroo vastasküljel. Eemaldage ja visake ära selgroog. Pange

kana nahk ülespoole. Vajutage rindade vahele, et rinnaluu murda, nii et kana lamab.

4. Alustades rinna ühel küljel olevast kaelast, libistage sõrmed naha ja liha vahele, vabastades nahka, kui töötate reie poole. Vabastage nahk reie ümber. Korrake teisel pool. Hõõru sõrmedega kana naha alla lihale.

5. Asetage kana, rinnapool allpool, restile tilkumispannile. Kaal kahe fooliumisse mähitud tellise või suure malmpanniga. Katke ja grillige 30 minutit. Pöörake kana, kondiga pool allpool, restile, kaaluge uuesti telliste või panniga. Grilli kaanega veel umbes 30 minutit või kuni kana ei ole enam roosa (reielihases 175°F). Eemaldage kana grillilt; lase 10 minutit puhata. (Gaasigrilli puhul asetage kana restile kuumusest eemal. Grillige ülaltoodud viisil.)

6. Samal ajal sega salati jaoks suures kausis jicama, talisibul, õun ja koriander. Sega väikeses kausis kokku apelsinimahl, õli ja sidrunimaitseaine. Vala jicama segule ja viska katteks. Serveeri kana koos salatiga.

RÖSTITUD KANA TAGAVEERAND VIINA, PORGANDI JA TOMATIKASTMEGA

KODUTÖÖ:15 minutit küpsetamist: 15 minutit röstimist: 30 minutit saagist: 4 portsjonit

VIINA SAAB VALMISTADA ERINEVATESTERINEVAID TOIDUAINEID, NAGU KARTUL, MAIS, RUKIS, NISU JA ODER, ISEGI VIINAMARJAD. KUIGI NELJA PORTSJONI VAHEL JAGADES POLE SELLES KASTMES PALJU VIINA, OTSIGE PALEO JÄRGIMISEKS KARTULIST VÕI VIINAMARJADEST VALMISTATUD VOKDAT.

3 supilusikatäit oliiviõli

4 kondiga kanakoibaveerandit või kanatükki lihaga, ilma nahata

1 28-untsine konserv soolata ploomtomatid, nõrutatud

½ tassi peeneks hakitud sibulat

½ tassi peeneks hakitud porgandit

3 küüslauguküünt, hakitud

1 tl Vahemere maitseainet (vt<u>retsept</u>)

⅛ tl cayenne'i pipart

1 oksake värsket rosmariini

2 supilusikatäit viina

1 spl hakitud värsket basiilikut (valikuline)

1. Kuumuta ahi temperatuurini 375 ° F. Kuumutage eriti suurel pannil 2 supilusikatäit õli keskmisel-kõrgel kuumusel. Lisa kana; küpseta umbes 12 minutit või kuni pruunistumiseni, keerake ühtlaseks

pruunistamiseks. Asetage pann eelsoojendatud ahju. Grilli kaaneta 20 minutit.

2. Vahepeal lõika kastme jaoks köögikääridega tomatid. Kuumuta keskmisel kuumusel keskmisel kastrulis ülejäänud supilusikatäis õli. Lisa sibul, porgand ja küüslauk; küpseta 3 minutit või kuni pehme, sageli segades. Lisa kuubikuteks lõigatud tomatid, Vahemere maitseaine, Cayenne'i pipar ja rosmariinioksake. Kuumuta keskmisel-kõrgel kuumusel keemiseni; vähendada kuumust. Hauta kaaneta 10 minutit, aeg-ajalt segades. Lisa viin; küpseta veel 1 minut; eemaldage ja visake rosmariini oks.

3. Serveeri kaste pannil kana peale. Pange pann tagasi ahju. Grilli kaanega veel umbes 10 minutit või kuni kana on pehme ega ole enam roosa (175°F). Soovi korral puista peale basiilikut.

POULET RÔTI JA RUTABAGA FRITES

KODUTÖÖ:40 minutit Küpsetusaeg: 40 minutit Saagis: 4 portsjonit

KRÕBEDAD NUGARABIKRÕPSUD ON MAITSVADSERVEERITAKSE KOOS KEEDUKANA JA JUURDE KUULUVATE KEEDUMAHLADEGA, KUID ON SAMA MAITSVAD KA ISESEISVALT VALMISTATUD JA PALEO TOMATIKASTMEGA (VT.RETSEPT) VÕI SERVEERITAKSE BELGIA STIILIS PALEO AIOLIGA (KÜÜSLAUGUMAJONEES, VT<u>RETSEPT</u>).

6 supilusikatäit oliiviõli

1 spl Vahemere maitseainet (vt<u>retsept</u>)

4 kondiga, nahata kana reied (kokku umbes 1¼ naela)

4 nahata kanakintsu (kokku umbes 1 nael)

1 tass kuiva valget veini

1 tass kanalihapuljongit (vt<u>retsept</u>) või ilma soolata kanapuljongit

1 väike sibul, lõigatud neljandikku

Oliiviõli

1½ kuni 2 naela rutabaga

2 spl viilutatud värsket murulauku

Must pipar

1. Kuumuta ahi temperatuurini 400 ° F. Sega väikeses kausis 1 spl oliiviõli ja Vahemere maitseaine; hõõru kanatükkidele. Kuumuta eriti suurel ahjukindlal pannil 2 spl õli. Lisa kanatükid, lihavad küljed allapoole. Küpseta kaaneta umbes 5 minutit või kuni

pruunistumiseni. Eemaldage pann tulelt. Keera kanatükid, pruunistatud küljed ülespoole. Lisa vein, kanapuljong ja sibul.

2. Asetage pann ahju keskmisele restile. Küpseta kaaneta 10 minutit.

3. Vahepeal pintselda friikartulite jaoks suur küpsetusplaat kergelt oliiviõliga; kõrvale panema. Koorige nuikapsas. Lõika rutabaga terava noaga ½-tollisteks viiludeks. Lõika viilud pikuti ½-tollisteks ribadeks. Sega suures kausis nugarabiribad ülejäänud 3 spl õliga. Laota nukakapsaribad ühe kihina ettevalmistatud ahjuplaadile; aseta ahju ülemisele restile. Küpseta 15 minutit; keera friikartulid ümber. Küpseta kana veel 10 minutit või kuni see ei ole enam roosa (175 °F). Eemaldage kana ahjust. Küpseta friikartuleid 5–10 minutit või kuni need on kuldpruunid ja pehmed.

4. Eemaldage kana ja sibul pannilt, jättes mahla alles. Kata kana ja sibul soojas hoidmiseks. Kuumuta mahlad keskmisel kuumusel keema; vähendada kuumust. Hauta kaaneta veel umbes 5 minutit või kuni mahl on veidi vähenenud.

5. Serveerimiseks raputa krõpsud murulauguga ja maitsesta pipraga. Serveeri kana koos keedumahlade ja friikartulitega.

COQ AU VIN KOLME ŠAMPINJONIGA RUTABAGA JA MURULAUGUPÜREEGA

KODUTÖÖ:15 minutit küpsetamist: 1 tund 15 minutit Saagis: 4 kuni 6 portsjonit

KUI KAUSIS ON LIIVAPÄRAST KUIVATATUD SEENTE LEOTAMIST JA TÕENÄOLISELT NEID ON, KURNA VEDELIK LÄBI KAHEKORDSE PAKSUSE MARLI, MIS ON ASETATUD PEENE SILMAGA SÕELA.

- 1 unts kuivatatud porcini seeni või morlid
- 1 tass keeva veega
- 2–2½ naela kana reied ja reied, nahk eemaldatud
- Must pipar
- 2 supilusikatäit oliiviõli
- 2 keskmist porrulauku, poolitatud pikuti, loputatud ja õhukesteks viiludeks
- 2 portobello seeni, viilutatud
- 8 untsi värskeid austrite seeni, varrega ja viilutatud või värskeid viilutatud seeni
- ¼ tassi ilma soolata tomatipastat
- 1 tl kuivatatud majoraani, purustatud
- ½ tl kuivatatud tüümiani, purustatud
- ½ tassi kuiva punast veini
- 6 tassi kana kondipuljongit (vt_retsept_) või ilma soolata kanapuljongit
- 2 loorberilehte
- 2 kuni 2½ naela rutabaga, kooritud ja tükeldatud
- 2 spl viilutatud värsket murulauku

½ tl musta pipart

värsket hakitud tüümiani (valikuline)

1. Sega väikeses kausis puravikud ja keev vesi; lase 15 minutit puhata. Eemaldage seened, jättes alles leotusvedelik. Tükelda seened. Tõsta seened ja leotusvedelik kõrvale.

2. Puista kana peale pipraga. Kuumutage tihedalt suletava kaanega eriti suures pannil 1 supilusikatäis oliiviõli keskmisel-kõrgel kuumusel. Küpseta kanatükke kahes osas kuumas õlis umbes 15 minutit, kuni need on kergelt pruunid, keerates neid üks kord ümber. Eemaldage kana pannilt. Lisa porrulauk, portobello seened ja austriseened. Küpseta 4–5 minutit või kuni seened hakkavad pruunistuma, aeg-ajalt segades. Lisa tomatipasta, majoraan ja tüümian; küpseta ja sega 1 minut. Lisa vein; küpseta ja sega 1 minut. Lisage 3 tassi kanalihapuljongit, loorberilehed, ½ tassi reserveeritud seente leotusvedelikku ja rehüdreeritud tükeldatud seened. Tõsta kana pannile tagasi. Lase keema tõusta; vähendada kuumust. Hauta, kaane all,

3. Samal ajal sega suures kastrulis rutabagad ja ülejäänud 3 tassi puljongit. Vajadusel lisa vett, et nuikalips oleks kaetud. Lase keema tõusta; vähendada kuumust. Hauta kaaneta 25–30 minutit või kuni rutabaga on pehme, aeg-ajalt segades. Nõruta rutabagasid, jättes vedeliku alles. Pange rutabagad tagasi kastrulisse. Lisa ülejäänud 1 supilusikatäis oliiviõli, murulauk ja ½ tl pipart. Püreesta nukakapsasegu

kartulipudrunuga, lisades soovitud konsistentsi saavutamiseks vajadusel keeduvedelikku.

4. Eemalda kanasegust loorberilehed; ära visata. Serveeri kana ja kaste rutabaga püreele. Soovi korral puista peale värsket tüümiani.

BRANDY-VIRSIKU GLASUURITUD TRUMMIPULGAD

KODUTÖÖ:30 minutit grill: 40 minutit saagis: 4 portsjonit

NEED KANAJALAD SOBIVAD IDEAALSELT KRÕMPSUVA SALATI JA TUNEESIA VÜRTSITATUD SEALIHA RETSEPTI JÄRGI VÜRTSIKATE BATAADI FRIIKARTULITEGA (VT.RETSEPT). SIIN NÄIDATAKSE NEID KOOS REDISE, MANGO JA PIPARMÜNDIGA KRÕBEDA SALAGA (VT<u>RETSEPT</u>).

VIRSIKUBRÄNDI GLASUUR
- 1 spl oliiviõli
- ½ tassi hakitud sibulat
- 2 värsket keskmist virsikut poolitatuna, kivideta ja tükeldatud
- 2 supilusikatäit brändit
- 1 tass BBQ-kastet (vt<u>retsept</u>)
- 8 kanakintsu (kokku 2–2½ naela), soovi korral nahk eemaldatud

1. Glasuuri jaoks kuumuta keskmisel kuumusel keskmisel kuumusel oliiviõli. Lisa sibul; küpseta umbes 5 minutit või kuni pehme, aeg-ajalt segades. Lisa virsikud. Katke ja küpseta 4–6 minutit või kuni virsikud on pehmed, aeg-ajalt segades. Lisa brändit; küpseta kaaneta 2 minutit, aeg-ajalt segades. Lase veidi jahtuda. Tõsta virsiku segu blenderisse või köögikombaini. Kata ja blenderda või töötle ühtlaseks. Lisa BBQ-kaste. Kata ja blenderda või töötle ühtlaseks. Tõsta kaste tagasi kastrulisse.

Küpseta keskmisel-madalal kuumusel, kuni see on läbi kuumenenud. Tõsta ¾ tassi kastet kana kastmiseks väikesesse kaussi. Ülejäänud kaste hoia grillkanaga serveerimiseks soojas.

2. Söegrilli jaoks asetage söed keskmisele kuumusele tilgapanni ümber. Proovige tilgaalusel keskmist kuumust. Asetage kanakintsud grillrestile tilkumisaluse kohale. Katke ja grillige 40–50 minutit või seni, kuni kana ei ole enam roosa (175 °F), keerake poole röstimise ajal üks kord ümber ja pintseldage viimase 5–10 minuti jooksul ¾ tassi brändi virsikuglasuuriga. (Gaasigrilli puhul eelkuumutage grill. Alandage kuumust keskmisele. Reguleerige kuumust kaudseks küpsetamiseks. Lisage kanakintsud restile, mitte üle kuumenenud. Katke ja grillige vastavalt juhistele.) .

TŠIILI MARINEERITUD KANA MANGO JA MELONISALATIGA

KODUTÖÖ:40 minutit Jahutamine/marineerimine: 2-4 tundi
Grillimine: 50 minutit Saagis: 6-8 portsjonit

ANCHO CHILE ON KUIV POBLANO-INTENSIIVSELT VÄRSKE MAITSEGA LÄIKIV TUMEROHELINE TŠILLI. ANCHO TŠILLIL ON KERGELT PUUVILJANE MAITSE, MILLES ON TUNDA PLOOMI VÕI ROSINAT JA AINULT MÕRUDUST. NEW MEXICO TŠILLID VÕIVAD OLLA MÕÕDUKALT KUUMAD. NEED ON SÜGAVPUNASED TŠILLID, MIDA ON EDELA OSADES NÄHA KOOS KIMPUDENA JA RIPUTATUNA RISTRATESSE, KUIVATATUD TŠILLI VÄRVILISTESSE SEADETESSE.

KANA
  2 kuivatatud New Mexico tšillit
  2 kuivatatud ancho tšillit
  1 tass keeva veega
  3 supilusikatäit oliiviõli
  1 suur magus sibul, kooritud ja lõigatud paksudeks viiludeks
  4 roma tomatit, südamikuga
  1 supilusikatäis hakitud küüslauku (6 nelki)
  2 tl jahvatatud köömneid
  1 tl kuivatatud pune, purustatud
  16 kana reied

SALAT
  2 tassi kuubikuteks lõigatud melonit
  2 tassi kuubikuteks lõigatud meekastet

2 tassi kuubikuteks lõigatud mangot
¼ tassi värsket laimimahla
1 tl tšillipulbrit
½ tl jahvatatud köömneid
¼ tassi hakitud värsket koriandrit

1. Kana puhul eemalda kuivatatud ancholt ja New Mexico tšillilt varred ja seemned. Kuumuta suur pann keskmisel kuumusel. Rösti tšillit pannil 1–2 minutit või kuni need on lõhnavad ja kergelt röstitud. Asetage röstitud tšillid väikesesse kaussi; lisa kaussi keev vesi. Laske seista vähemalt 10 minutit või kuni see on kasutusvalmis.

2. Kuumuta grill. Vooderda küpsetusplaat alumiiniumfooliumiga; pintselda fooliumiga üle 1 spl oliiviõli. Laota pannile sibulaviilud ja tomatid. Grillige umbes 4 tolli kuumusest 6–8 minutit või kuni see on pehmenenud ja söestunud. Nõruta tšillid, jättes vesi alles.

3. Sega marinaadiks blenderis või köögikombainis tšillid, sibul, tomatid, küüslauk, köömned ja pune. Kata kaanega ja sega või töötle ühtlaseks massiks, lisades vajadusel reserveeritud vett, et püreestada ja saavutada soovitud konsistents.

4. Aseta kana suuresse taassuletavasse kilekotti madalale taldrikule. Vala marinaad kotis olevale kanale, keerake kott ümber, et see kataks ühtlaselt. Lase 2–4 tundi külmkapis marineerida, kotti aeg-ajalt keerates.

5. Salati jaoks sega eriti suures kausis kokku melon, mesikaste, mango, laimimahl, ülejäänud 2 spl oliiviõli, tšillipulber, köömned ja koriander. Viska mantlile. Katke ja jahutage 1 kuni 4 tundi.

6. Söegrilli jaoks asetage söed keskmisele kuumusele tilgapanni ümber. Proovige pannil keskmist kuumust. Nõruta kana, jättes marinaadi alles. Asetage kana restile tilkumisaluse kohale. Pintselda kana rohkelt reserveeritud marinaadiga (üleliigne marinaad ära visata). Katke ja grillige 50 minutit või kuni kana ei ole enam roosa (175 °F), keerates seda poole grillimise ajal korra. (Gaasigrilli puhul eelsoojendage grill. Alandage kuumust keskmisele tasemele. Seadke kaudseks küpsetamiseks. Toimige vastavalt juhistele, asetades kana süütamata põletile.) Serveeri kanakintsud salatiga.

TANDOORI STIILIS KANAKINGAD KURGIRAITAGA

KODUTÖÖ:20 minutit Marinaad: 2 kuni 24 tundi Röstimine: 25 minutit Saagis: 4 portsjonit

RAITA ON VALMISTATUD INDIA PÄHKLITEST.KOOR, SIDRUNIMAHL, PIPARMÜNT, KORIANDER JA KURK. SEE ANNAB VÄRSKENDAVA KONTRAPUNKTI KUUMALE JA VÜRTSIKALE KANALIHALE.

KANA
- 1 sibul, lõigatud õhukesteks viiludeks
- 1 2-tolline tükk värsket ingverit, kooritud ja neljaks lõigatud
- 4 küüslauguküünt
- 3 supilusikatäit oliiviõli
- 2 spl värsket sidrunimahla
- 1 tl jahvatatud köömneid
- 1 tl jahvatatud kurkumit
- ½ tl jahvatatud pipart
- ½ tl jahvatatud kaneeli
- ½ tl musta pipart
- ¼ tl Cayenne'i pipart
- 8 kana reied

KURK RAITA
- 1 tass india pähkli koort (vt<u>retsept</u>)
- 1 spl värsket sidrunimahla
- 1 spl hakitud värsket piparmünt
- 1 spl värsket ribadeks lõigatud koriandrit

½ tl jahvatatud köömneid

⅛ tl musta pipart

1 keskmine kurk, kooritud, seemnetest puhastatud ja kuubikuteks lõigatud (1 tass)

Sidruni viilud

1. Sega segistis või köögikombainis kokku sibul, ingver, küüslauk, oliiviõli, sidrunimahl, köömned, kurkum, piment, kaneel, must pipar ja cayenne.cayenne. Kata ja blenderda või töötle ühtlaseks.

2. Torgake lõikamisnoa otsaga iga trummipulk neli kuni viis korda läbi. Asetage trummipulgad suurde suletavasse kilekotti, mis on asetatud suurde kaussi. Lisa sibula segu; keera lööma Lase 2–24 tundi külmkapis marineerida, kotti aeg-ajalt keerates.

3. Kuumuta grill. Eemalda kana marinaadist. Pühkige paberrätikute abil trummipulkadelt liigne marinaad. Asetage koivad kuumutamata röstimispanni restile või fooliumiga vooderdatud servadega küpsetusplaadile. Grillige 6–8 tolli soojusallikast 15 minutit. Keerake trummipulgad ümber; hauta umbes 10 minutit või kuni kana ei ole enam roosa (175 °F).

4. Raita jaoks sega keskmises kausis india pähkli koor, sidrunimahl, piparmünt, koriander, köömned ja must pipar. Lisa õrnalt kurk.

5. Serveeri kana raita ja sidruniviiludega.

HAUTATUD KANAKARRI JUURVILJADE, SPARGLI JA ROHELISE ÕUNA PIPARMÜNDI MAITSEGA

KODUTÖÖ: 30 minutit keetmist: 35 minutit puhkust: 5 minutit annab saaki: 4 portsjonit

2 spl rafineeritud kookosõli või oliiviõli
2 naela kondiga kanarinda, soovi korral nahata
1 tass hakitud sibulat
2 spl riivitud värsket ingverit
2 spl hakitud küüslauku
2 spl soolata karripulbrit
2 supilusikatäit hakitud ja seemnetest puhastatud jalapeñot (vt kallutada)
4 tassi kana kondipuljongit (vt retsept) või ilma soolata kanapuljongit
2 keskmist maguskartulit (umbes 1 nael), kooritud ja tükeldatud
2 keskmist kaalikat (umbes 6 untsi), kooritud ja tükeldatud
1 tass tomatit, seemnetest puhastatud ja kuubikuteks lõigatud
8 untsi sparglit, kärbitud ja 1-tollisteks tükkideks lõigatud
1 13,5 untsi purki tavalist kookospiima (nt Nature's Way)
½ tassi ribadeks lõigatud värsket koriandrit
Õuna- ja piparmündikaste (vt retsept, allpool)
Sidruni viilud

1. Kuumutage 6-liitrises Hollandi ahjus õli keskmisel-kõrgel kuumusel. Pruunista kanapartiide kaupa

kuumas õlis ühtlaselt pruuniks, umbes 10 minutit. Tõsta kana taldrikule; kõrvale panema.

2. Keera kuumus keskmisele. Lisa potti sibul, ingver, küüslauk, karripulber ja jalapeno. Küpseta ja sega 5 minutit või kuni sibul pehmeneb. Lisa kanakondipuljong, bataat, kaalikas ja tomat. Tõsta kanatükid potti tagasi, pannes kana nii palju vedelikku kui võimalik. Vähendage kuumust keskmisele-madalale. Kata kaanega ja hauta 30 minutit või kuni kana ei ole enam roosa ja köögiviljad on pehmed. Lisa spargel, kookospiim ja koriander. Võtke see tulelt. Lase seista 5 minutit. Vajadusel lõika kana kontidest, et jaotada ühtlaselt serveerimiskausside vahel. Serveeri õuna-mündikastme ja laimiviiludega.

Õunamündikaste: Haki köögikombainis ½ tassi magustamata kookoshelbeid pulbriliseks. Lisage 1 tass värskeid koriandri lehti ja aurutage; 1 tass värskeid piparmündi lehti; 1 Granny Smithi õun, südamikust puhastatud ja tükeldatud; 2 tl hakitud ja seemnetest puhastatud jalapeñot (vtkallutada); ja 1 supilusikatäis värsket sidrunimahla. Pulse kuni peeneks hakitud.

GRILLITUD KANA PAILLARDI SALAT VAARIKATE, PEEDI JA RÖSTITUD MANDLITEGA

KODUTÖÖ: 30 minutit röstimist: 45 minutit marinaadi: 15 minutit grilli: 8 minutit saaki: 4 portsjonit

½ tassi terveid mandleid
1½ tl oliiviõli
1 keskmine punapeet
1 keskmine kuldpeet
2 6–8 untsi kondita nahata kana rinnapoolikut
2 tassi värskeid või külmutatud vaarikaid, sulatatud
3 spl punase või valge veini äädikat
2 spl hakitud värsket estragoni
1 supilusikatäis hakitud šalottsibulat
1 tl Dijoni stiilis sinepit (vt retsept)
¼ tassi oliiviõli
Must pipar
8 tassi segatud salatit

1. Mandlite jaoks kuumuta ahi temperatuurini 400 ° F. Laota mandlid väikesele küpsetusplaadile ja raputa peale ½ tl oliiviõli. Küpseta umbes 5 minutit või kuni see on lõhnav ja kuldne. Lase jahtuda. (Mandleid saab röstida 2 päeva enne tähtaega ja hoida õhukindlas anumas.)

2. Peetide jaoks asetage iga peet väikesele alumiiniumfooliumitükile ja nirista igale poole tl oliiviõli. Mähi peedi ümber lõdvalt alumiiniumfoolium ja aseta küpsiseplaadile või

ahjuvormi. Röstige peete ahjus temperatuuril 400 °F 40–50 minutit või noaga läbitorkamisel kuni need on pehmed. Eemaldage ahjust ja laske seista, kuni see on käsitsemiseks piisavalt jahtunud. Eemaldage nahk kööginoaga. Lõika peet viiludeks ja jäta alles. (Vältige peedi segamist, et punapeet ei määriks kuldset peeti. Peete võib 1 päev ette röstida ja jahutada. Enne serveerimist tooge toatemperatuurile.)

3. Kana jaoks lõika iga kanarind horisontaalselt pooleks. Asetage iga kanatükk kahe plasttüki vahele. Pekske lihahaamrit kasutades õrnalt umbes 1/2-tollise paksuseni. Aseta kana madalasse nõusse ja tõsta kõrvale.

4. Püreesta vinegreti jaoks suures kausis ¾ tassi vaarikaid kergelt vispliga (ülejäänud vaarikad varu salati jaoks). Lisa äädikas, estragon, šalottsibul ja Dijoni sinep; klopi segamiseks. Lisage ¼ tassi oliiviõli õhukese joana, vahustage, et see seguneks. Vala ½ tassi vinegretti kana peale; keera kana katteks (ülejäänud vinegrett varu salati jaoks). Lase kana 15 minutit toatemperatuuril marineerida. Eemalda kana marinaadist ja puista peale pipart; visake järelejäänud marinaad nõusse.

5. Söe- või gaasigrilli jaoks asetage kana grillile otse keskmisel kuumusel. Katke ja grillige 8–10 minutit või seni, kuni kana ei ole enam roosa, keerates üks kord poole grillimise ajal. (Kana võib küpsetada ka grillpannil.)

6. Sega suures kausis salat, peet ja ülejäänud 1¼ tassi vaarikaid. Valage reserveeritud vinegrett salatile; viska õrnalt katteks. Jaga salat nelja serveerimistaldriku vahel; tõsta igaühe peale tükike grillitud kanarinda. Haki röstitud mandlid jämedalt ja puista peale. Serveeri kohe.

BROKKOLI TÄIDISEGA KANARINNAD VÄRSKE TOMATIKASTME JA CAESARI SALATIGA

KODUTÖÖ:40 minutit keetmist: 25 minutit saagis: 6 portsjonit

3 supilusikatäit oliiviõli
2 tl hakitud küüslauku
¼ tl purustatud punast pipart
1 nael brokkoli raabi, kärbitud ja tükeldatud
½ tassi väävlivabu kuldseid rosinaid
½ tassi vett
4 5-6 untsi kondita nahata kana rinnapoolikut
1 tass hakitud sibulat
3 tassi tükeldatud tomateid
¼ tassi hakitud värsket basiilikut
2 tl punase veini äädikat
3 spl värsket sidrunimahla
2 supilusikatäit Paleo Mayo (vt retsept)
2 tl Dijoni stiilis sinepit (vt retsept)
1 tl hakitud küüslauku
½ tl musta pipart
¼ tassi oliiviõli
10 tassi hakitud Rooma salatit

1. Kuumuta suurel pannil 1 spl oliiviõli keskmisel-kõrgel kuumusel. Lisa küüslauk ja purustatud punane pipar; küpseta ja sega 30 sekundit või kuni lõhnab. Lisa tükeldatud brokkoli rabe, rosinad ja ½ tassi vett. Katke ja küpseta umbes 8 minutit või kuni brokkoli

raab on pehme ja pehme. Eemaldage pannilt kaas; lase liigsel veel aurustuda. Kõrvale panema.

2. Mähiste jaoks lõika iga kanarind pikuti pooleks; asetage iga tükk kahe kiletüki vahele. Kasutades lihavasara lamedat külge, naela kana kergelt, kuni see on umbes ¼ tolli paksune. Asetage iga rulli ühele lühikesele otsale umbes ¼ tassi brokkoli raabi segu; rulli kokku, keera külili, et täidis oleks täielikult kaetud. (Rulle saab valmistada kuni 1 päev ette ja jahutada, kuni need on küpsetamiseks valmis.)

3. Kuumuta suurel pannil 1 spl oliiviõli keskmisel-kõrgel kuumusel. Lisa rullid, õmblusküljed allapoole. Küpseta umbes 8 minutit või kuni see on igast küljest pruunistunud, keerates küpsetamise ajal kaks või kolm korda. Tõsta rullid vaagnale.

4. Kastme jaoks kuumuta pannil keskmisel kuumusel 1 spl ülejäänud oliiviõli. Lisa sibul; küpseta umbes 5 minutit või kuni see on läbipaistev. Lisa tomatid ja basiilik. Aseta rullid pannile kastme peale. Kuumuta keskmisel-kõrgel kuumusel keemiseni; vähendada kuumust. Kata kaanega ja hauta umbes 5 minutit või kuni tomatid hakkavad lagunema, kuid säilitavad siiski oma kuju ja rullid on läbi kuumenenud.

5. Kastme jaoks vispelda väikeses kausis kokku sidrunimahl, Paleo majonees, Dijoni sinep, küüslauk ja must pipar. Nirista ¼ tassi oliiviõliga, vahustades kuni emulgeerumiseni. Sega suures kausis kaste hakitud rooma salatiga. Serveerimiseks jaga Rooma

salat kuue serveerimistaldriku vahel. Lõika rullid ja aseta need rooma salatile; nirista üle tomatikastmega.

GRILLITUD KANA SHAWARMA WRAPID VÜRTSITATUD KÖÖGIVILJADE JA PIINIAPÄHKLIKASTMEGA

KODUTÖÖ:20 minutit marinaad: 30 minutit grill: 10 minutit
teeb: 8 rulli (4 portsjonit)

1½ naela kondita ja nahata kanarinda, lõigatud 2-tollisteks tükkideks
5 supilusikatäit oliiviõli
2 spl värsket sidrunimahla
1¾ tl jahvatatud köömneid
1 tl hakitud küüslauku
1 tl paprikat
½ tl karripulbrit
½ tl jahvatatud kaneeli
¼ tl Cayenne'i pipart
1 keskmine suvikõrvits, pooleks lõigatud
1 väike baklažaan lõigatud ½-tollisteks viiludeks
1 suur kollane paprika, poolitatud ja seemnetest puhastatud
1 keskmine punane sibul, lõigatud neljandikku
8 kirsstomatit
8 suurt võisalati lehte
Röstitud piiniapähklikaste (vt retsept)
Sidruni viilud

1. Marinaadi jaoks sega väikeses kausis 3 spl oliiviõli, sidrunimahla, 1 tl köömneid, küüslauku, ½ tl paprikat, karripulbrit, ¼ tl kaneeli ja Cayenne'i pipart.

Aseta kanatükid suurde taassuletavasse kilekotti madalasse nõusse. Vala marinaad kanale. Sulgege kott; keera kott mantlile. Lase 30 minutit külmkapis marineerida, kotti aeg-ajalt keerates.

2. Eemalda kana marinaadist; visake marinaad ära. Keera kana neljale pikale vardale.

3. Asetage suvikõrvits, baklažaan, paprika ja sibul küpsetusplaadile. Nirista peale 2 spl oliiviõli. Puista peale ülejäänud ¾ tl köömneid, ülejäänud ½ tl paprikat ja ülejäänud ¼ tl kaneeli; Hõõruge kergelt köögiviljadele. Tõsta tomatid kahele vardasse.

3. Söe- või gaasigrilli jaoks tõsta kana- ja tomativardad ning köögiviljad keskmisel kuumusel grillile. Katke ja grillige, kuni kana ei ole enam roosa ja köögiviljad on kergelt söestunud ja krõbedad, keerates ühe korra. Jätke kana jaoks 10–12 minutit, köögiviljade jaoks 8–10 minutit ja tomatite jaoks 4 minutit.

4. Eemalda kana varrastelt. Tükelda kana ning lõika suvikõrvits, baklažaan ja paprika väikesteks tükkideks. Eemalda tomatid varrastest (ära tükelda). Aseta kana ja köögiviljad vaagnale. Serveerimiseks tõsta lusikaga salatilehele kanaliha ja köögivilju; nirista üle röstitud piiniapähklikastmega. Serveeri sidruniviiludega.

KÜPSETATUD KANARINNAD SEENTE, KÜÜSLAUGUPÜREE LILLKAPSA JA RÖSTITUD SPARGLIGA

ALGUSEST LÕPUNI:50 minutiga valmistab: 4 portsjonit

4 10-12 untsi kondiga kana rinnapoolikut, nahk eemaldatud

3 tassi väikseid valgeid seeni

1 tass õhukeselt viilutatud porrulauku või kollast sibulat

2 tassi kana kondipuljongit (vt<u>retsept</u>) või ilma soolata kanapuljongit

1 tass kuiva valget veini

1 suur hunnik värsket tüümiani

Must pipar

Valge veini äädikas (valikuline)

1 pea lillkapsast, eraldatud õisikuteks

12 kooritud küüslauguküünt

2 supilusikatäit oliiviõli

Valge või Cayenne'i pipar

1 kilo sparglit, tükeldatud

2 tl oliiviõli

1. Kuumuta ahi temperatuurini 400 ° F. Asetage kana rinnad 3-kvartise ristkülikukujulisse küpsetusnõusse; kõige peale seened ja porru. Vala kana kondipuljong ja vein kana ja köögiviljade peale. Puista peale tüümiani ja puista peale musta pipart. Kata roog alumiiniumfooliumiga.

2. Küpsetage 35-40 minutit või kuni kanalihale sisestatud kiirloetav termomeeter registreerib temperatuuri

170 ° F. Eemaldage ja visake ära tüümianioksad. Soovi korral maitsesta hautusvedelikku enne serveerimist äädikapritsega.

2. Samal ajal küpseta lillkapsast ja küüslauku suures kastrulis nii palju keevas vees, et see kataks umbes 10 minutit või kuni need on väga pehmed. Nõruta lillkapsas ja küüslauk, jättes alles 2 spl keeduvedelikku. Asetage köögikombaini või suurde segamisnõusse lillkapsas ja reserveeritud keeduvedelik. Töötle ühtlaseks massiks* või püreesta kartulimaskiga; lisa 2 spl oliiviõli ja maitsesta valge pipraga. Hoia soojas kuni serveerimiseni.

3. Laota spargel ühe kihina ahjuplaadile. Nirista peale 2 tl oliiviõli ja viska peale. Puista peale musta pipart. Röstige 400 °F ahjus umbes 8 minutit või kuni see on krõbedaks pehme, segades üks kord.

4. Jaga lillkapsapüree kuue serveerimistaldriku vahel. Kõige peale pane kana, seened ja porrulauk. Nirista veidi hautamisvedelikku; serveeri grillitud spargliga.

*Märkus: Köögikombaini kasutamisel olge ettevaatlik, et mitte üle töödelda, vastasel juhul muutub lillkapsas liiga õhukeseks.

TAI STIILIS KANASUPP

KODUTÖÖ:30 minutit külmutamist: 20 minutit küpsetamist:
50 minutit Saagis: 4 kuni 6 portsjonit

TAMARIND ON KIBE JA MUSKUSE VILI.KASUTATAKSE INDIA, TAI JA MEHHIKO TOIDUVALMISTAMISEL. PALJUD KAUBANDUSLIKULT VALMISTATUD TAMARINDIPASTAD SISALDAVAD SUHKRUT; OSTA KINDLASTI SELLINE, MIS SEDA EI SISALDA. KAFFIR LAIMI LEHTI VÕIB LEIDA VÄRSKELT, KÜLMUTATULT JA KUIVATATULT ENAMIKUL AASIA TURGUDEL. KUI TE NEID EI LEIA, ASENDAGE SELLES RETSEPTIS LEHTEDEGA 1½ TL PEENEKS RIIVITUD LAIMIKOORT.

2 sidrunheina vart, kärbitud

2 spl rafineerimata kookosõli

½ tassi õhukeselt viilutatud murulauku

3 suurt küüslauguküünt, õhukeseks viilutatud

8 tassi kana kondipuljongit (vt<u>retsept</u>) või ilma soolata kanapuljongit

¼ tassi suhkrulisandita tamarindipastat (nt Tamiconi kaubamärk)

2 supilusikatäit norihelbeid

3 värsket Tai tšillit, õhukeselt viilutatud tervete seemnetega (vt<u>kallutada</u>)

3 kaffir laimi lehte

1 3-tolline tükk ingverit, õhukeseks viilutatud

4 6-untsi kondita nahata kana rinnapoolikut

1 14,5-untsine purk ilma soolata, tükeldatud tulel röstitud tomatid, nõrutamata

6 untsi peent sparglit, kärbitud ja õhukeselt diagonaalselt
½-tollisteks tükkideks lõigatud

½ tassi pakendatud Tai basiiliku lehti (vt Märge)

1. Kasutades tugeva survega noaselga, tehke sidrunheina varred muljumiseks. Haki muljutud varred peeneks.

2. Kuumuta Hollandi ahjus keskmisel kuumusel kookosõli. Lisa sidrunhein ja murulauk; küpseta 8–10 minutit, sageli segades. Lisa küüslauk; küpseta ja sega 2–3 minutit või kuni see on väga lõhnav.

3. Lisa kanalihapuljong, tamarindipasta, norihelbed, tšilli, laimilehed ja ingver. Lase keema tõusta; vähendada kuumust. Katke ja keetke madalal kuumusel 40 minutit.

4. Vahepeal külmutage kana 20–30 minutiks või kuni see on kõva. Lõika kana õhukesteks viiludeks.

5. Kurna supp läbi peene võrguga sõela suurde kastrulisse, vajuta maitsete eraldamiseks suure lusika seljaga. Visake kuivained ära. Aja supp keema. Lisa kana, nõrutamata tomatid, spargel ja basiilik. Vähendage kuumust; hauta kaaneta 2–3 minutit või kuni kana on läbi küpsenud. Serveeri kohe.

GRILLITUD SIDRUNI- JA SALVEIKANA ESKAROOLIGA

KODUTÖÖ: 15 minutit röstimist: 55 minutit puhkust: 5 minutit annab saaki: 4 portsjonit

SIDRUNIVIILUD JA SALVEILEHT.KANA NAHA ALLA ASETATUNA MAITSESTAB SEE LIHA KÜPSEMISE AJAL JA LOOB PÄRAST AHJUST VÄLJA VÕTMIST KRÕBEDA JA TUHMI NAHA ALLA PILKUPÜÜDVA KUJUNDUSE.

4 kondiga kana rinnapoolikut (koos nahaga)
1 sidrun, väga õhukeseks viilutatud
4 suurt salvei lehte
2 tl oliiviõli
2 tl Vahemere maitseainet (vt retsept)
½ tl musta pipart
2 supilusikatäit ekstra neitsioliiviõli
2 šalottsibulat, viilutatud
2 hakitud küüslauguküünt
4 endiivia pead, pikuti poolitatud

1. Kuumuta ahi temperatuurini 400 ° F. Eemaldage koorimisnuga väga ettevaatlikult mõlemalt rinnapoolelt nahk, jättes selle ühele küljele kinni. Aseta 2 sidruniviilu ja 1 salveileht kummagi rinnaliha peale. Tõmmake nahk õrnalt tagasi oma kohale ja vajutage kinnitamiseks õrnalt alla.

2. Asetage kana madalale röstimispannile. Pintselda kana 2 tl oliiviõliga; puista peale Vahemere maitseainet ja ¼ tl pipart. Grillige katmata umbes 55 minutit või kuni nahk on kuldne ja krõbe ning kanalihale

sisestatud kiirloetav termomeeter näitab 170 °F. Laske kanal 10 minutit enne serveerimist puhata.

3. Samal ajal kuumuta suurel pannil keskmisel kuumusel 2 spl oliiviõli. Lisa šalottsibul; küpseta umbes 2 minutit või kuni see on läbipaistev. Puista endiiviatele ülejäänud ¼ tl pipraga. Lisa pannile küüslauk. Asetage endiivia pannile, lõigake küljed allapoole. Küpseta umbes 5 minutit või kuni pruunistumiseni. Pöörake endiivia ettevaatlikult ümber; küpseta veel 2–3 minutit või kuni see on pehme. Serveeri kanaga.

KANA MURULAUKU, KRESSI JA REDISEGA

KODUTÖÖ:20 minutit küpsetamist: 8 minutit küpsetamist: 30 minutit saagist: 4 portsjonit

KUIGI REDISE KEETMINE VÕIB TUNDUDA IMELIK,NAD ON SIIN VAEVU KÜPSETATUD, JUST NII PALJU, ET NENDE VÜRTSIKAS SUUPISTE PEHMENDADA JA VEIDI PEHMENDADA.

3 supilusikatäit oliiviõli
4 10–12 untsi kondiga kana rinnapoolikut (koos nahaga)
1 spl sidrunimaitseainet (vt retsept)
¾ tassi viilutatud murulauku
6 redist, õhukeseks viilutatud
¼ tl musta pipart
½ tassi kuiva valget vermutit või kuiva valget veini
⅓ tassi india pähkli koort (vt retsept)
1 hunnik kressi, varred kärbitud ja tükeldatud
1 spl hakitud värsket tilli

1. Kuumuta ahi temperatuurini 350 ° F. Kuumuta suurel pannil oliiviõli keskmisel-kõrgel kuumusel. Patsuta kana paberrätikuga kuivaks. Küpseta kana, nahk allpool, 4–5 minutit või kuni nahk on kuldne ja krõbe. Pöörake kana; küpseta umbes 4 minutit või kuni pruunistumiseni. Aseta kana madalasse ahjuvormi, nahk üleval. Puista kana peale sidruniürtimaitseainet. Küpseta umbes 30 minutit või seni, kuni kanalihale sisestatud kiirloetav termomeeter registreerib temperatuuri 170 °F.

2. Vahepeal vala pannilt ära kõik rasvad peale 1 supilusikatäie; Kuumuta pann uuesti. Lisa murulauk ja redis; küpseta umbes 3 minutit või kuni murulauk närbub. Puista peale pipart. Lisage vermut ja segage pruunistunud tükkide eemaldamiseks. Lase keema tõusta; küpseta, kuni see on vähenenud ja veidi paksenenud. Lisa india pähkli kreem; lase keema tõusta. Eemaldage pann tulelt; lisa kress ja till, sega õrnalt, kuni kress närbub. Lisa küpsetusnõusse kogunenud kanamahlad.

3. Jaga murulaukusegu nelja serveerimistaldriku vahel; peale kana.

KANA TIKKA MASALA

KODUTÖÖ:30 minutit Marinaad: 4 kuni 6 tundi Küpsetusaeg: 15 minutit Grillimine: 8 minutit Saagis: 4 portsjonit

SEE OLI INSPIREERITUD VÄGA POPULAARSEST INDIA TOIDUST.MIS EI PRUUGI OLLA LOODUD ÜLDSE INDIAS, VAID ÜHENDKUNINGRIIGI INDIA RESTORANIS. TRADITSIOONILINE KANA TIKKA MASALA NÕUAB KANA MARINEERIMIST JOGURTIS JA SEEJÄREL VÜRTSIKAS KOOREGA TOMATIKASTMES KÜPSETAMIST. SEE VERSIOON, KUS KASTME MAITSET TUHMUB, EI SISALDA PIIMATOOTEID, MAITSEB SEE ERITI PUHTALT. RIISI ASEMEL SERVEERITAKSE SEDA KRÕBEDATE SUVIKÕRVITSA NUUDLITEGA.

1½ naela kondita, nahata kana reied või kana rinnapoolikud

¾ tassi tavalist kookospiima (nt Nature's Way)

6 küüslauguküünt, hakitud

1 spl riivitud värsket ingverit

1 tl jahvatatud koriandrit

1 tl paprikat

1 tl jahvatatud köömneid

¼ tl jahvatatud kardemoni

4 spl rafineeritud kookosõli

1 tass hakitud porgandit

1 peeneks viilutatud seller

½ tassi hakitud sibulat

2 jalapeño või serrano tšillit, seemnetest (soovi korral) ja peeneks hakituna (vt<u>kallutada</u>)

1 14,5-untsine purk ilma soolata, tükeldatud tulel röstitud tomatid, nõrutamata

1 8-untsine soolalisandita tomatikaste

1 tl garam masala ilma soolata

3 keskmist suvikõrvitsat

½ tl musta pipart

värsked koriandri lehed

1. Kui kasutate kanakintsu, lõigake iga reietükk kolmeks tükiks. Kana rinnapoolikute kasutamisel lõigake kumbki rinnapool 2-tollisteks tükkideks, lõigake paksud osad horisontaalselt pooleks, et saada õhemad tükid. Aseta kana suurde taassuletavasse kilekotti; kõrvale panema. Marinaadi jaoks segage väikeses kausis ½ tassi kookospiima, küüslauku, ingverit, koriandrit, paprikat, köömneid ja kardemoni. Vala marinaad kotis olevale kanale. Sulgege kott ja keerake kana katteks. Asetage kott keskmisesse kaussi; marineerida külmkapis 4–6 tundi, kotti aeg-ajalt keerates.

2. Kuumuta grill. Kuumuta suurel pannil keskmisel kuumusel 2 supilusikatäit kookosõli. Lisa porgand, seller ja sibul; küpseta 6–8 minutit või kuni köögiviljad on pehmed, aeg-ajalt segades. Lisa jalapeños; küpseta ja sega veel 1 minut. Lisa nõrutamata tomatid ja tomatikaste. Lase keema tõusta; vähendada kuumust. Hauta kaaneta umbes 5 minutit või kuni kaste veidi pakseneb.

3. Nõruta kana, visake marinaad ära. Laota kanatükid ühe kihina röstimispanni kuumutamata restile. Grillige 5–6 tolli kuumusest 8–10 minutit või seni, kuni kana ei ole enam roosa, keerates seda poole röstimise ajal. Lisage keedetud kanatükid ja ülejäänud ¼ tassi kookospiima pannil olevale tomatisegule. Küpseta 1 kuni 2 minutit või kuni see on läbi kuumutatud. Eemaldage tulelt; lisa garam masala.

4. Kärbi suvikõrvitsa otsad. Lõika suvikõrvits julienne lõikuri abil pikkadeks õhukesteks ribadeks. Kuumuta eriti suurel pannil keskmisel-kõrgel kuumusel ülejäänud 2 supilusikatäit kookosõli. Lisa suvikõrvitsaribad ja must pipar. Küpseta ja sega 2–3 minutit või seni, kuni suvikõrvits on krõbe-pehme.

5. Serveerimiseks jaga suvikõrvits nelja serveerimistaldriku vahel. Tõsta peale kanasegu. Kaunista koriandrilehtedega.

RAS EL HANOUTI KANAKINGAD

KODUTÖÖ:20 minutit keetmist: 40 minutit saagis: 4 portsjonit

RAS EL HANOUT ON KUURORTJA EKSOOTILISTE MAROKO VÜRTSIDE SEGU. FRAAS TÄHENDAB ARAABIA KEELES "POE JUHT", MIS TÄHENDAB, ET SEE ON AINULAADNE SEGU PARIMATEST VÜRTSIDEST, MIDA VÜRTSIMÜÜJAL PAKKUDA ON. RAS EL HANOUTI JAOKS EI OLE KINDLAT RETSEPTI, KUID SEE SISALDAB SAGELI INGVERI, ANIISI, KANEELI, MUSKAATPÄHKLI, PIPRATERADE, NELGI, KARDEMONI, KUIVATATUD LILLEDE (NT LAVENDEL JA ROOS), MUSTA NIGELLA, MUSKAATI, GALANGALI JA KURKUMI SEGU. ..

- 1 spl jahvatatud köömneid
- 2 tl jahvatatud ingverit
- 1½ tl musta pipart
- 1½ tl jahvatatud kaneeli
- 1 tl jahvatatud koriandrit
- 1 tl Cayenne'i pipart
- 1 tl jahvatatud piment
- ½ tl jahvatatud nelki
- ¼ tl jahvatatud muskaatpähklit
- 1 tl safrani niidid (valikuline)
- 4 spl rafineerimata kookosõli
- 8 kondiga kanakintsu
- 1 8-untsi pakk värskeid seeni, viilutatud
- 1 tass hakitud sibulat

1 tass hakitud punast, kollast või rohelist paprikat (1 suur)

4 roma tomatit, südamikust puhastatud, seemnetest puhastatud ja tükeldatud

4 küüslauguküünt, hakitud

2 13,5-untsi purki tavalist kookospiima (nt Nature's Way)

3 kuni 4 supilusikatäit värsket sidrunimahla

¼ tassi peeneks hakitud värsket koriandrit

1. Ras el hanouti jaoks sega keskmises uhmris või väikeses kausis köömned, ingver, must pipar, kaneel, koriander, cayenne'i pipar, piment, nelk, muskaatpähkel ja soovi korral ka safran. Purusta nuiaga või sega lusikaga korralikult läbi. Kõrvale panema.

2. Kuumuta eriti suurel pannil keskmisel kuumusel 2 supilusikatäit kookosõli. Puista kanakintsudele 1 spl ras el hanout. Lisa kana pannile; küpseta 5–6 minutit või kuni see on pruunistunud, keerates seda poole küpsetamise ajal üks kord. Eemaldage kana pannilt; soojas hoidmine.

3. Kuumutage samal pannil keskmisel kuumusel ülejäänud 2 spl kookosõli. Lisa seened, sibul, paprika, tomatid ja küüslauk. Küpseta ja sega umbes 5 minutit või kuni köögiviljad on pehmed. Lisage kookospiim, laimimahl ja 1 spl ras el hanout. Tõsta kana pannile tagasi. Lase keema tõusta; vähendada kuumust. Hauta kaanega umbes 30 minutit või kuni kana on pehme (175 °F).

4. Serveeri kana, köögiviljad ja kaste kaussides. Kaunista koriandriga.

Märkus. Ras el Hanouti jääke säilitage kaanega mahutis kuni 1 kuu.

KANAKINGAD KARAMBOLAMARINAADIS HAUTATUD SPINATIL

KODUTÖÖ: 40 minutit Marinaad: 4 kuni 8 tundi Küpsetusaeg: 45 minutit Saagis: 4 portsjonit

VAJADUSEL KUIVATA KANA.PABERRÄTIKUGA PÄRAST MARINAADIST VÄLJUMIST ENNE PANNIL PRUUNISTAMIST. LIHASSE JÄÄNUD VEDELIK PRITSIB KUUMA ÕLI SISSE.

8 kondiga kana reied (1½ kuni 2 naela), nahk eemaldatud
¾ tassi valget või siidri äädikat
¾ tassi värsket apelsinimahla
½ tassi vett
¼ tassi hakitud sibulat
¼ tassi hakitud värsket koriandrit
4 küüslauguküünt, hakitud
½ tl musta pipart
1 spl oliiviõli
1 karambola (carambola), viilutatud
1 tass kanalihapuljongit (vt retsept) või ilma soolata kanapuljongit
2 9-untsi pakki värskeid spinatilehti
värsked koriandri lehed (valikuline)

1. Aseta kana roostevabast terasest või emailpotti; kõrvale panema. Sega keskmises kausis äädikas, apelsinimahl, vesi, sibul, ¼ tassi hakitud koriandrit, küüslauku ja pipart; vala kana peale. Kata kaanega ja marineeri külmkapis 4–8 tundi.

2. Kuumuta kanasegu kastrulis keskmisel-kõrgel kuumusel keema; vähendada kuumust. Kata kaanega ja hauta 35–40 minutit või kuni kana ei ole enam roosa (175 °F).

3. Kuumuta eriti suurel pannil õli keskmisel-kõrgel kuumusel. Eemaldage kana tangide abil Hollandi ahjust, raputades õrnalt, et keeduvedelik maha tilguks; reserveerige küpsetusvedelik. Pruunista kana igast küljest, sageli keerake, et see pruunistuks ühtlaselt.

4. Vahepeal kurna kastme jaoks keeduvedelik; Naaske Hollandi ahju. Kuumuta keemiseni. Keeda umbes 4 minutit, et vähendada ja veidi paksendada; lisada karambolat; keeda veel 1 minut. Pange kana Hollandi ahju kastmesse tagasi. Eemaldage kuumusest; kate soojas hoidmiseks.

5. Puhastage pann. Vala pannile kanakondipuljong. Kuumuta keskmisel-kõrgel kuumusel keemiseni; lisa spinat. Vähendage kuumust; hauta pidevalt segades 1–2 minutit või kuni spinat on närbunud. Tõsta spinat lusika abil serveerimisvaagnale. Kõige peale kana ja kaste. Soovi korral puista peale koriandrilehti.

POBLANO KAPSA JA KANA TACOS CHIPOTLE MAJONEESIGA

KODUTÖÖ:25 minutit küpsetamist: 40 minutit saagist: 4 portsjonit

SERVEERIGE NEID SEGASEID, KUID MAITSVAID TACOSIDKAHVLIGA, ET PÜÜDA KINNI TÄIDIS, MIS KAPSALEHELT SÖÖMISE AJAL MAHA KUKUB.

1 spl oliiviõli

2 poblano tšillit, seemnetega (soovi korral) ja tükeldatud (vt kallutada)

½ tassi hakitud sibulat

3 küüslauguküünt, hakitud

1 spl soolata tšillipulbrit

2 tl jahvatatud köömneid

½ tl musta pipart

1 8-untsine soolalisandita tomatikaste

¾ tassi kana kondipuljongit (vt retsept) või ilma soolata kanapuljongit

1 tl kuivatatud Mehhiko pune, purustatud

1 kuni 1½ naela kondita ja nahata kana reied

10–12 keskmist kuni suurt kapsalehte

Chipotle Paleo Mayo (vt retsept)

1. Kuumuta ahi temperatuurini 350 ° F. Kuumuta suurel ahjukindlal pannil õli keskmisel-kõrgel kuumusel. Lisa poblano paprika, sibul ja küüslauk; keetke ja segage 2 minutit. Lisa tšillipulber, köömned ja must pipar; küpseta ja sega veel 1 minut (vajadusel vähenda kuumust, et vürtsid ei kõrbeks).

2. Lisa pannile tomatikaste, kanapuljong ja pune. Kuumuta keemiseni. Aseta kanakintsud ettevaatlikult tomatisegusse. Kata pann kaanega. Küpseta umbes 40 minutit või kuni kana on pehme (175 °F), keerates poole peal ümber.

3. Eemaldage kana pannilt; jahtuda veidi. Kasutades kahte kahvlit, lõika kana väikesteks tükkideks. Lisa pannil tomatisegule tükeldatud kana.

4. Serveerimiseks tõsta lusikaga kanasegu kapsalehtedele; top Chipotle Paleo Mayoga.

KANAHAUTIS PORGANDI JA BOK CHOYGA

KODUTÖÖ:15 minutit keetmist: 24 minutit puhkust: 2 minutit annab: 4 portsjonit

BABY BOK CHOY ON VÄGA ÕRNJA SEE SAAB HETKEGA ÜLE KÜPSEDA. ET SEE JÄÄKS KRÕBE JA MAITSEKS VÄRSKE, MITTE NÄRBUNUD EGA NÄRTSINUD, VEENDUGE, ET SEDA AURUTATAKSE KAANEGA KUUMAS POTIS (TULULT MAHA) ENNE HAUTISE SERVEERIMIST MITTE ROHKEM KUI 2 MINUTIT.

2 supilusikatäit oliiviõli

1 porrulauk, viilutatud (valged ja helerohelised osad)

4 tassi kana kondipuljongit (vt retsept) või ilma soolata kanapuljongit

1 tass kuiva valget veini

1 spl Dijoni stiilis sinepit (vt retsept)

½ tl musta pipart

1 oksake värsket tüümiani

1¼ naela kondita, nahata kana reied, lõigatud 1-tollisteks tükkideks

8 untsi porgandit, pealispinnad, kooritud, kärbitud ja pikuti poolitatud või 2 keskmist porgandit, viilutatud kallutatult

2 tl peeneks riivitud sidrunikoort (varu)

1 spl värsket sidrunimahla

2 pead baby bok choy

½ tl hakitud värsket tüümiani

1. Kuumuta suures kastrulis keskmisel kuumusel 1 spl oliiviõli. Küpseta porrulauku kuumas õlis 3–4 minutit või kuni see on pehmenenud. Lisa kana kondipuljong, vein, Dijoni stiilis sinep, ¼ teelusikatäit pipart ja oksake tüümiani. Lase keema tõusta; vähendada kuumust. Küpseta 10–12 minutit või kuni vedelik on vähenenud umbes ühe kolmandiku võrra. Visake tüümiani oks ära.

2. Samal ajal kuumuta Hollandi ahjus ülejäänud 1 spl oliiviõli keskmisel-kõrgel kuumusel. Puista kana ülejäänud ¼ tl pipraga. Küpseta kuumas õlis umbes 3 minutit või kuni pruunistumiseni, aeg-ajalt segades. Vajadusel tühjendage rasv. Lisage ettevaatlikult potti vähendatud puljongi segu, kraapides üles kõik pruunid tükid; lisa porgandid. Lase keema tõusta; vähendada kuumust. Hauta kaaneta 8–10 minutit või kuni porgandid on pehmed. Lisa sidrunimahl. Lõika bok choy pikuti pooleks. (Kui bok choy pead on suured, lõigake need neljandikku.) Asetage bok choy potti kana peale. Katke ja eemaldage kuumusest; lase 2 minutit puhata.

3. Serveeri hautis madalates kaussides. Puista peale sidrunikoor ja tüümianiribad.

KANA PRAADIMINE INDIA PÄHKLITE NING APELSINI JA PAPRIKAGA SALATI ÜMBRISTEL

ALGUSEST LÕPUNI:45 minutit valmistab: 4 kuni 6 portsjonit

LEIAD KAHTE TÜÜPIKOOKOSÕLI RIIULITEL, RAFINEERITUD JA EKSTRA NEITSI VÕI RAFINEERIMATA. NAGU NIMIGI ÜTLEB, PÄRINEB EKSTRA NEITSI KOOKOSÕLI VÄRSKE, TOORE KOOKOSPÄHKLI ESMAKORDSEL PRESSIMISEL. SEE ON ALATI PARIM VALIK KESKMISEL VÕI KESKMISEL-KÕRGEL KUUMUSEL KÜPSETAMISEL. RAFINEERITUD KOOKOSÕLIL ON KÕRGEM SUITSUPUNKT, SEEGA KASUTAGE SEDA AINULT KÕRGEL KUUMUSEL KÜPSETAMISEL.

- 1 spl rafineeritud kookosõli
- 1½ kuni 2 naela kondita, nahata kana reied, lõigatud õhukesteks hammustuse suurusteks ribadeks
- 3 punast, oranži ja/või kollast paprikat, varrega, seemnetega ja õhukeselt viilutatud hammustusesuurusteks ribadeks
- 1 punane sibul, pikuti poolitatud ja õhukesteks viiludeks
- 1 tl peeneks riivitud apelsinikoort (varu)
- ½ tassi värsket apelsinimahla
- 1 spl hakitud värsket ingverit
- 3 küüslauguküünt, hakitud
- 1 tass tooreid soolamata india pähkleid, röstitud ja jämedalt hakitud (vt kallutada)
- ½ tassi viilutatud rohelist murulauku (4)
- 8 kuni 10 lehte võid või jääsalatit

1. Kuumuta vokkpannil või suurel pannil kõrgel kuumusel kookosõli. Lisa kana; keetke ja segage 2 minutit. Lisage paprika ja sibul; küpseta ja sega 2–3 minutit või kuni köögiviljad hakkavad pehmenema. Eemaldage kana ja köögiviljad wokist; soojas hoidmine.

2. Pühkige vokk paberrätikuga puhtaks. Lisa vokkpannile apelsinimahl. Küpseta umbes 3 minutit või kuni mahl keeb ja väheneb veidi. Lisa ingver ja küüslauk. Keeda ja sega 1 minut. Tõsta kana ja pipra segu tagasi vokki. Lisa apelsinikoor, india pähklid ja murulauk. Serveeri praadida salatilehtedel.

VIETNAMI KANA KOOKOSE JA SIDRUNHEINAGA

ALGUSEST LÕPUNI: 30 minutiga valmistab: 4 portsjonit

SEE KIIRE KOOKOSKARRISEE VÕIB OLLA LAUAL 30 MINUTI JOOKSUL ALATES HETKEST, KUI HAKKATE NÄKSIMA, MUUTES SELLE IDEAALSEKS EINEKS KIIREKS NÄDALAÕHTUKS.

- 1 spl rafineerimata kookosõli
- 4 sidrunheina vart (ainult kahvatud osad)
- 1 3,2-untsi pakend austrisseeni, tükeldatud
- 1 suur sibul õhukesteks viiludeks, rõngad poolitatud
- 1 värske jalapeno, seemnetest puhastatud ja peeneks hakitud (vt kallutada)
- 2 spl hakitud värsket ingverit
- 3 küüslauguküünt, hakitud
- 1½ naela kondita, nahata kana reied, õhukeselt viilutatud ja peeneks hakitud
- ½ tassi tavalist kookospiima (nt Nature's Way)
- ½ tassi kana kondipuljongit (vt retsept) või ilma soolata kanapuljongit
- 1 spl soolamata punase karri pulbrit
- ½ tl musta pipart
- ½ tassi hakitud värskeid basiiliku lehti
- 2 spl värsket laimimahla
- Magustamata hakitud kookospähkel (valikuline)

1. Kuumuta eriti suurel pannil keskmisel kuumusel kookosõli. Lisa sidrunhein; küpseta ja sega 1 minut. Lisage seened, sibul, jalapeno, ingver ja küüslauk;

küpseta ja sega 2 minutit või kuni sibul on pehme. Lisa kana; küpseta umbes 3 minutit või kuni kana on läbi küpsenud.

2. Sega väikeses kausis kookospiim, kanakondipuljong, karripulber ja must pipar. Lisa pannil kanasegule; küpseta 1 minut või kuni vedelik veidi pakseneb. Eemaldage kuumusest; lisa värske basiilik ja laimimahl. Soovi korral puista portsjonid kookospähkliga.

GRILLITUD KANA JA ÕUNA ESKAROOLI SALAT

KODUTÖÖ:30 minutit grill: 12 minutit saagis: 4 portsjonit

KUI SULLE MEELDIB MAGUSAM ÕUNMINE MESIKÕPSUGA. KUI TEILE MEELDIB ÕUNAKOOK, KASUTAGE GRANNY SMITHI VÕI PROOVIGE TASAKAALU SAAVUTAMISEKS NENDE KAHE SORDI SEGU.

3 keskmist Honeycrispi või Granny Smithi õuna
4 tl ekstra neitsioliiviõli
½ tassi peeneks hakitud šalottsibulat
2 spl hakitud värsket peterselli
1 spl linnulihamaitseainet
3 kuni 4 endiivia pead, neljandikku
1 nael jahvatatud kana- või kalkunirind
⅓ tassi hakitud röstitud sarapuupähkleid*
⅓ tassi klassikalist prantsuse vinegretti (vtretsept)

1. Lõika pooleks ja eemalda õunad südamikust. Koori ja haki peeneks 1 õun. Kuumuta keskmisel pannil keskmisel kuumusel 1 tl oliiviõli. Lisa tükeldatud õun ja šalottsibul; küpseta pehmeks. Lisa petersell ja linnulihamaitseaine. Lase jahtuda.

2. Vahepeal eemalda ülejäänud 2 õunast südamikud ja lõika viiludeks. Pintselda õunaviilude ja endiivia lõigatud küljed ülejäänud oliiviõliga. Sega suures kausis kana ja jahutatud õunasegu. Jaga kaheksaks osaks; vormi igast osast 2-tollise läbimõõduga pätsike.

3. Söe- või gaasigrilli jaoks asetage kanakotletid ja õunaviilud otse keskmisel kuumusel grillile. Katke ja grillige 10 minutit, keerates üks kord poole grilli ajal ümber. Lisa endiivia lõigatud küljed allapoole. Katke ja grillige 2–4 minutit või kuni endiivia on kergelt söestunud, beebiõunad ja kanakotletid on valmis (165 °F).

4. Haki eskarool suurteks tükkideks. Jaga eskarool nelja serveerimistaldriku vahel. Kõige peale pane kanakotletid, õunaviilud ja sarapuupähklid. Nirista peale klassikalist prantsuse vinegretti.

*Nõuanne: sarapuupähklite röstimiseks soojendage ahi temperatuurini 350 ° F. Laotage pähklid ühe kihina madalasse küpsetusnõusse. Küpseta 8–10 minutit või kuni see on kergelt röstitud, segades üks kord ühtlaseks pruunistamiseks. Jahuta pähkleid veidi. Asetage soojad pähklid puhtale köögirätikule; hõõruge rätikuga lahtise naha eemaldamiseks.

TOSCANA KANASUPP LEHTKAPSA LINTIDEGA

KODUTÖÖ:15 minutit keetmist: 20 minutit Saagis: 4 kuni 6 portsjonit

LUSIKATÄIS PESTOT-TEIE VALITUD BASIILIK VÕI RUKOLA - LISAB SELLELE MAITSVALE SOOLAVABA LINNULIHAMAITSEAINEGA MAITSESTATUD SUPILE SUUREPÄRASE MAITSE. SELLEKS, ET KAPSAPAELAD JÄÄKSID ERKROHELISEKS JA VÕIMALIKULT TOITAINERIKKAKS, KÜPSETA NEID NÄRBUMISENI.

1 nael jahvatatud kana

2 supilusikatäit ilma soola lisamata linnulihamaitseainet

1 tl peeneks riivitud sidrunikoort

1 spl oliiviõli

1 tass hakitud sibulat

½ tassi hakitud porgandit

1 tass hakitud sellerit

4 küüslauguküünt, viilutatud

4 tassi kana kondipuljongit (vtretsept) või ilma soolata kanapuljongit

1 14,5 untsi võib ilma soolata tule röstitud tomatid, kuivatamata

1 hunnik Lacinato (Toscana) lehtkapsast, varred eemaldatud, ribadeks lõigatud

2 spl värsket sidrunimahla

1 tl hakitud värsket tüümiani

Basiiliku või raketi pesto (vtretseptid)

1. Sega keskmises kausis jahvatatud kana, linnulihamaitseaine ja sidrunikoor. Sega hästi.

2. Kuumuta Hollandi ahjus keskmisel kuumusel oliiviõli. Lisa kana segu, sibul, porgand ja seller; küpseta 5–8 minutit või seni, kuni kana ei ole enam roosa, segades puulusikaga liha purustamiseks ja lisades viilutatud küüslauku küpsetamise viimasel minutil. Lisa kanakondipuljong ja tomatid. Lase keema tõusta; vähendada kuumust. Katke ja keetke madalal kuumusel 15 minutit. Lisa lehtkapsas, sidrunimahl ja tüümian. Hauta kaaneta umbes 5 minutit või kuni lehtkapsas on pehme.

3. Serveerimiseks tõsta supp lusikaga kaussidesse ja tõsta peale basiiliku või rukola pesto.

LARB KANA

KODUTÖÖ:15 minutit küpsetamist: 8 minutit jahtumist: 20 minutit saagist: 4 portsjonit

SEE POPULAARSE TAI ROA VERSIOONTUGEVALT MAITSESTATUD JAHVATATUD KANA JA KÖÖGIVILJAD, MIDA SERVEERITAKSE SALATILEHTEDEL, ON USKUMATULT KERGE JA MAITSEV, ILMA LISATUD SUHKRU, SOOLA JA KALAKASTMETA (MIS ON VÄGA KÕRGE NAATRIUMISISALDUSEGA), MIS ON TRADITSIOONILISELT KOOSTISOSADE LOENDIS. KÜÜSLAUGU, TAI TŠILLI, SIDRUNHEINA, LAIMIKOORE, LAIMIMAHLA, PIPARMÜNDI JA KORIANDRIGA EI JÄÄ TE NEIST ILMA.

1 spl rafineeritud kookosõli

2 naela jahvatatud kana (95% lahja või jahvatatud rinnatükk)

8 untsi seeni, peeneks hakitud

1 tass punast sibulat peeneks hakitud

1 kuni 2 Tai tšillit, seemnetest puhastatud ja peeneks hakitud (vtkallutada)

2 spl hakitud küüslauku

2 supilusikatäit peeneks hakitud sidrunheina*

¼ tl jahvatatud nelki

¼ tl musta pipart

1 spl peeneks riivitud laimikoort

½ tassi värsket laimimahla

⅓ tassi tihedalt pakitud värskeid piparmündilehti, hakitud

⅓ tassi tihedalt pakitud värsket koriandrit, hakitud

1 pea jääsalat, eraldatud lehtedeks

1. Kuumuta eriti suurel pannil keskmisel-kõrgel kuumusel kookosõli. Lisa jahvatatud kana, seened, sibul, tšilli(d), küüslauk, sidrunhein, nelk ja must pipar. Küpseta 8–10 minutit või kuni kana on läbi küpsenud, segades puulusikaga, et liha küpsemise ajal puruneks. Vajadusel kurnata. Tõsta kanasegu eriti suurde kaussi. Laske jahtuda umbes 20 minutit või kuni see on veidi soojem kui toatemperatuur, aeg-ajalt segades.

2. Lisage kanasegule laimikoor, laimimahl, piparmünt ja koriander. Serveeri salatilehtedel.

*Nõuanne: Sidrunheina valmistamiseks on vaja teravat nuga. Lõika ära puitunud vars varre allosas ja sitked rohelised lehed taime ülaosas. Eemaldage kaks kõva välimist kihti. Sul peaks olema tükk sidrunheina, mis on umbes 6 tolli pikk ja kahvatukollane. Lõika vars horisontaalselt pooleks, seejärel lõika kumbki pool uuesti pooleks. Lõika iga veerand varrest väga õhukesteks viiludeks.

KANABURGERID SZECHWANI KAŠUPÄHKLIKASTMEGA

KODUTÖÖ:30 minutit küpsetamist: 5 minutit grillimist: 14 minutit valmistab: 4 portsjonit

KUUMUTAMISEL VALMISTATUD TŠILLIÕLIOLIIVIÕLI PURUSTATUD PUNASE PIPRAGA SAAB KASUTADA KA MUUL VIISIL. KASUTAGE SEDA VÄRSKETE KÖÖGIVILJADE PRAADIMISEKS VÕI RAPUTAGE NEID ENNE GRILLIMIST VÄHESE TŠILLIÕLIGA.

2 supilusikatäit oliiviõli
¼ tl purustatud punast pipart
2 tassi tooreid india pähkleid, röstitud (vtkallutada)
¼ tassi oliiviõli
½ tassi riivitud suvikõrvitsat
¼ tassi peeneks hakitud murulauku
2 hakitud küüslauguküünt
2 tl peeneks riivitud sidrunikoort
2 tl riivitud värsket ingverit
1 nael jahvatatud kana- või kalkunirind

SZECHWANI KAŠUPÄHKLI KASTE
1 spl oliiviõli
2 spl peeneks hakitud murulauku
1 spl riivitud värsket ingverit
1 tl Hiina viie vürtsi pulbrit
1 tl värsket sidrunimahla
4 lehte rohelist või võilehtsalatit

1. Tšilliõli jaoks sega väikeses kastrulis oliiviõli ja purustatud punane pipar. Kuumuta tasasel tulel 5 minutit. Eemaldage kuumusest; lase jahtuda.

2. India pähklivõi jaoks asetage india pähklid ja 1 spl oliiviõli blenderisse. Katke ja segage kreemjaks, kraapides vajaduse korral külgedelt alla ja lisades 1 supilusikatäis korraga oliiviõli, kuni kogu ¼ tassi on ära kasutatud ja või on väga ühtlane; kõrvale panema.

3. Sega suures kausis suvikõrvits, talisibul, küüslauk, sidrunikoor ja 2 tl ingverit. Lisa jahvatatud kana; sega hästi. Vormi kana segust neli ½ tolli paksust pätsi.

4. Söe- või gaasigrilli jaoks asetage burgerid õlitatud restile otse keskmisele kuumusele. Katke ja grillige 14–16 minutit või kuni küpsemiseni (165 °F), pöörates üks kord poole grillimise ajal ümber.

5. Samal ajal kuumuta kastme jaoks väikesel pannil keskmisel kuumusel oliiviõli. Lisa murulauk ja 1 spl ingverit; küpseta keskmisel-madalal kuumusel 2 minutit või kuni murulauk on pehmenenud. Lisage ½ tassi india pähklivõid (ülejäänud india pähklivõid hoidke külmkapis kuni 1 nädal), tšilliõli, sidrunimahla ja viie vürtsi pulbrit. Küpseta veel 2 minutit. Võtke see tulelt.

6. Serveeri empanadasid salatilehtedel. Nirista üle kastmega.

TÜRGI KANA WRAPID

KODUTÖÖ:25 minutit puhkust: 15 minutit keetmist: 8 minutit saagist: 4 kuni 6 portsjonit

"BAHARAT" TÄHENDAB ARAABIA KEELES LIHTSALT "VÜRTSI".UNIVERSAALNE MAITSEAINE LÄHIS-IDA TOIDUVALMISTAMISEL, SEDA KASUTATAKSE SAGELI KALA-, LINNULIHA- JA LIHAMÄÄRDENA VÕI SEGATUNA OLIIVIÕLIGA JA KÖÖGIVILJAMARINAADINA. MAGUSATE JA SOOJADE VÜRTSIDE NAGU KANEELI, KÖÖMNE, KORIANDRI, NELK JA PAPRIKA KOMBINATSIOON MUUDAB SELLE ERITI AROMAATSEKS. KUIVATATUD PIPARMÜNDI LISAMINE ON TÜRGI HÕNGU.

⅓ tassi väävlita kuivatatud aprikoose, viilutatud

⅓ tassi hakitud kuivatatud viigimarju

1 spl rafineerimata kookosõli

1½ naela jahvatatud kanarind

3 tassi viilutatud porrulauku (ainult valged ja helerohelised osad) (3)

⅔ keskmist rohelist ja/või punast paprikat, õhukeseks viilutatud

2 supilusikatäit Baharati maitseainet (vt retsept, allpool)

2 hakitud küüslauguküünt

1 tass seemnetega tomateid, tükeldatud (2 keskmist)

1 tass seemnetega tükeldatud kurki (½ keskmise suurusega)

½ tassi soolamata, kooritud ja tükeldatud pistaatsiapähklid, röstitud (vt kallutada)

¼ tassi hakitud värsket piparmünti

¼ tassi hakitud värsket peterselli

8–12 suurt või- või Bibb-salatilehte

1. Asetage aprikoosid ja viigimarjad väikesesse kaussi. Lisa ⅔ tassi keeva vett; lase 15 minutit puhata. Nõruta, jättes alles ½ tassi vedelikku.

2. Samal ajal kuumuta eriti suurel pannil keskmisel kuumusel kookosõli. Lisa jahvatatud kana; küpseta 3 minutit, segades puulusikaga, et liha küpsemise ajal puruneks. Lisa porru, paprika, Baharati maitseaine ja küüslauk; küpseta ja sega umbes 3 minutit või kuni kana on küpsenud ja pipar pehme. Lisage aprikoosid, viigimarjad, reserveeritud vedelik, tomatid ja kurk. Küpseta ja segage umbes 2 minutit või kuni tomatid ja kurk hakkavad lagunema. Lisage pistaatsiapähklid, piparmünt ja petersell.

3. Serveeri kana ja juurvilju salatilehtedel.

Baharati maitsestamine: segage väikeses kausis 2 spl magusat paprikat; 1 supilusikatäis musta pipart; 2 tl kuivatatud piparmünt, peeneks purustatud; 2 tl jahvatatud köömneid; 2 tl jahvatatud koriandrit; 2 tl jahvatatud kaneeli; 2 tl jahvatatud nelki; 1 tl jahvatatud muskaatpähkel; ja 1 tl jahvatatud kardemoni. Hoida tihedalt suletud anumas toatemperatuuril. Teeb umbes ½ tassi.

HISPAANIA CORNISH KANAD

KODUTÖÖ:10 minutit küpsetamist: 30 minutit rösti: 6 minutit Saagis: 2 kuni 3 portsjonit

SEE RETSEPT EI SAAKS OLLA LIHTSAM."JA TULEMUSED ON TÄIESTI HÄMMASTAVAD." SUURES KOGUSES SUITSUTATUD PAPRIKAT, KÜÜSLAUKU JA SIDRUNIT ANNAVAD NEILE PISILINDUDELE SUURE MAITSE.

2 ½ naela Cornish kanad, sulatatud, kui need on külmunud

1 spl oliiviõli

6 küüslauguküünt, hakitud

2 kuni 3 spl magusat suitsupaprikat

¼ kuni ½ tl Cayenne'i pipart (valikuline)

2 sidrunit, neljaks lõigatud

2 supilusikatäit hakitud värsket peterselli (valikuline)

1. Kuumuta ahi temperatuurini 375°F. Ulukkanade neljaks jaotamiseks kasutage köögikääre või teravat nuga, et lõigata mööda kitsast selgroogu mõlemalt poolt. Ava lind liblikaga ja lõika kana rinnaluu kaudu pooleks. Eemaldage tagaveerandid, lõigates ära naha ja liha, mis eraldavad reied rinnast. Hoidke tiib ja rind puutumata. Hõõru Cornish kanatükid oliiviõliga üle. Puista peale hakitud küüslauk.

2. Asetage kanatükid, nahk ülespoole, eriti suurde ahjukindlasse pannile. Puista peale suitsupaprika ja cayenne. Pigista kanadele sidruniveerandid; lisa pannile sidruniveerandid. Keera pannil kanatükid

nahaga allapoole. Kata ja küpseta 30 minutit. Eemaldage pann ahjust.

3. Kuumuta grill. Pöörake tangide abil tükid ümber. Reguleerige ahjuresti. Grillige 4–5 tolli kuumusest 6–8 minutit, kuni nahk on pruunistunud ja kanad on valmis (175 °F). Nirista üle pannimahladega. Soovi korral puista peale peterselli.

www.ingramcontent.com/pod-product-compliance
Lightning Source LLC
Chambersburg PA
CBHW071427080526
44587CB00014B/1765